U0519644

高情商
「婚姻课」

婚姻
心理学

辛慧颖 著

扫码点目录听本书

四川人民出版社

图书在版编目（CIP）数据

婚姻心理学 / 辛慧颖著. — 成都 : 四川人民出版
社，2019.10（2021.2 重印）
　　ISBN 978 – 7 – 220 – 11601 – 8

　　Ⅰ. ①婚… Ⅱ. ①辛… Ⅲ. ①婚姻 – 社会心理学
Ⅳ. ①C913.13

中国版本图书馆 CIP 数据核字（2019）第 191167 号

HUNYIN XINLIXUE

婚姻心理学

辛慧颖/著

出 版 人	黄立新
策划组稿	杨建峰
责任编辑	邹　近
技术设计	松　雪
封面设计	门乃婷工作室
责任印制	李　剑
出版发行	四川人民出版社（成都市槐树街 2 号）
网　　址	http://www.scpph.com
E – mail	scrmcbs@ sina.com
新浪微博	@ 四川人民出版社
微信公众号	四川人民出版社
发行部业务电话	（028）86259624 86259454
防盗版举报电话	（028）86259624
印　　刷	三河市宏顺兴印刷有限公司
成品尺寸	143mm × 208mm
印　　张	6
字　　数	136 千
版　　次	2019 年 10 月第 1 版
印　　次	2021 年 2 月第 2 次
书　　号	ISBN 978 – 7 – 220 – 11601 – 8
定　　价	35.00 元

■版权所有·侵权必究
本书若出现印装质量问题，请与我社发行部联系调换
电话:（028）86259454

婚姻中的两性关系，是一场爱的博弈。

生命是一种关系，我们每时每刻都身处一种由人际关系编织的大网之中，与自己的关系，与父母的关系，与爱人的关系，与他人的关系，以及与世界的关系。

心理学研究表明，在所有关系中，婚姻中的两性关系是最奇妙，也是最具挑战性的关系，被认为是人伦之始。在人与人的关系中，两性关系不具有血缘关系，但又具有创造血缘关系的独特功能。

两性关系是由两个独立的人建立的，其中包含爱、性、孩子、价值观和人生目标等各个方面。同时，婚姻中的两性关系也是唯一没有输赢的关系，在婚姻中我们最不想看到的局面就是夫妻离心、孩子受伤、父母难过、家庭破裂。因此，现在的婚姻关系从某种层面上来说，是一种捆绑式、一荣俱荣、一损俱损的多重关系。

而维系这种关系最关键的就是满足，心理学家马斯洛的需要层次理论告诉我们，假设在婚姻两性关系之中生理、安全需要能够得到满足，接下来最重要的就是：

爱、承诺、信任、归属、真诚以及尊重等更高层次的需要和满足。

需要动机理论是这样假设的，婚姻中的两个人会伴随着各自的成长而发生变化，这种变化也会带动爱、性、孩子、价值观和人生目标的改变，原本的需要会随之发生变化。当彼此间的变化需要得不到满足时，双方的内心就会产生不满和冲突，进而失去平衡，这就会驱使个体主动积极地去寻找满足需要的其他渠道，直到需要得到满足之后，才能再次获得平衡。

这是双方的一个博弈过程，如果处理不好变化中的满足需要，使一方的寻找转向婚外，很可能会把整个家庭引向崩溃的边缘，婚姻中的两性关系也会出现不可避免的冲突甚至无法挽回而解体。

假如我们在两性关系中能够保持觉察，随时关注对方的需要，适时转换自己的角色，时刻保持与对方同步，就能够使夫妻关系处于不断沟通和流动的良性发展中，而这一发展所依靠的就是两性关系最初的缔结之源：爱！

通过爱让双方相互滋养、携手成长、彼此成就，也唯有爱才能抚平和治愈我们在成长过程中所承受的伤害和痛苦，使我们的心智日趋成熟与完善。当我们爱的能力得到日益增长时，真正的幸福自然会在婚姻中不断浮现和长久留存，实现皆大欢喜的双赢局面。

辛慧颖

2019 年 5 月

01

读懂婚姻，就读懂了幸福

02

延续爱情，婚姻不是坟墓

03

琐碎生活，学会智慧经营

04

面对矛盾，需化解于无形

05

两情相悦，幸福的慢生活

06

红灯亮起，走出血雨腥风

07

执子之手，共你一世风霜

第一章

读懂婚姻，就读懂了幸福

扫码点目录听本书

扫码点目录听本书

婚姻是什么

婚姻就是一座围城，城里的人想逃出来，城外的人想冲进去。

这出自《围城》一书中的见解，距今已有七十多年的光阴岁月，虽然时间能够使世事变化，但唯独改变不了一件事，就是人性。所以，这句话即使放到现在，依然能令很多人感同身受。它或多或少地揭示了一个残忍的事实，婚姻可以给人带来安定，但同时也会给人带来无尽的束缚。

我们暂且不谈婚姻制度本身是否具有局限性，但只要选择了婚姻，每个人都会对它有所期许，一个最模糊，也是最确定的答案就是，我们想要拥有幸福。即使一直坚持认为婚姻是一种限制人的自由的制度，决心要反抗这种制度，且发誓永远都不结婚的钱锺书，在遇到清秀高傲的杨绛后，也彻底迷恋在她的"城"中，并心甘情愿走入了他日后口中所说的那座"围城"。

其实，我们可以认为，所有甘于孤独的人，只不过是没有遇见那个适合自己的他/她而已。有些人，只要一见面，就能让你把二十多年以来积累的怨恨，全部抛诸脑后。之后就会陷入对"死生契阔，与子成说。执子之手，与子偕老"这一婚姻最高理想的苦苦追寻和奋斗之中。

婚姻究竟是什么？让我们一起来看看柏拉图和他的老师苏格拉底关于爱情与婚姻的经典对话：

有一天，柏拉图问老师苏格拉底："什么是爱情？"

苏格拉底说："我请你穿越这片稻田，去摘一株最大、最金黄的麦穗回来，但是有一个规则：你不能走回头路，而且你只能摘一次。"

于是柏拉图按照老师的要求去做了。许久之后，他双手空空，又略显失落地回来了。

苏格拉底问他："为什么空手而归？"

柏拉图叹了口气，说道："当我走在田间的时候，曾看到过几株特别大、特别灿烂的麦穗，可是，我总想着前面也许还会有更大更好的，于是就没有摘。但当我继续向前走，再看到的那些麦穗，虽然长势也不错，但总觉得不如先前看到的好，也许最大、最金黄的麦穗早已错过，结果，就在纠结中，不知不觉已走出了稻田，而我却什么也没有摘到。"

苏格拉底意味深长地说："这，就是爱情。"

又有一天，柏拉图问苏格拉底："什么是婚姻？"

苏格拉底说："我请你穿越这片树林，去砍一棵最粗、最结实的树回来，但是有一个规则：你不能走回头路，而且只能砍一次。"

于是柏拉图去做了。许久之后，他心满意足地带了一棵并不算最粗、最结实，却也不算差的树回来了。

苏格拉底问他："为什么只砍了这样的一棵树回来？"

柏拉图平静地说道："当我穿越树林的时候，看到过几棵非常好的树，这次，我吸取了上次摘麦穗的教训，看到这棵树还算不错，就选中了它，我怕我不选它，又会错过了砍树的机会，最后空手而归，尽管它并不算是我遇见的最粗、最结实的一棵树。"

这时，苏格拉底仍然意味深长地说："这，就是婚姻。"

面对人性的选择与考验，柏拉图和苏格拉底之间这场著名的对话或许能给在婚姻中寻找答案的人们以启发和警醒。婚姻不只是一张不可缺少、具有法律和社会约束力的契约，还是需要双方共同维护的一份信仰，是遇到任何艰难险阻也要承担的一份责任。

1. 婚姻是一种契约

两个人从相识到相知，从相知到相爱，经历了爱情的磨合期，终于走进向往已久的神圣的婚姻殿堂。当决定组建属于两个人的家庭时，就需要双方共同合力去经营这份来之不易的感情。简单的一纸婚约，拥有它的途径也极为简便，只要两情相悦的男女到了法定年龄，就可以手拉手走进民政局，花一杯咖啡的钱，抽一根烟的工夫，结婚证马上能够拿到手。手机一照，朋友圈一发，瞬间圈里圈外，都知道你们已是花草各有主的人了。

如此质朴的一个"小红本"其实是一种契约，既然是契约，就带有强烈的制约和保护色彩，双方如胶似漆的感情在这一刻转为正式庄严的协议，有了这份协议，婚姻会受到法律的保护，并且双方需共同承担相应的责任和义务。签订这份契约的根本出于感情，缘于爱，而并非为了个人利益，或者传宗接代，只是这份契约可以在一定程度上保护双方的利益，或是未来孩子的权益，唯独对感情和爱无力保护。要想让这份感情历久而弥新，只有加重契约的承载力度，使之承载的绝不限于一种简单的关系证明，更是一种精神契约。两个人的爱情将以更为蓬勃的生命力和更加厚重的责任感延续至家庭内外，让婚姻具有更为博大的内涵，最核心的内容就是忠于爱情，忠于婚姻。

精神契约在婚姻生活中远远高于世俗契约，所谓的世俗契约包含很多方面，比如一张梦寐以求的结婚证、一枚光彩夺目的婚戒、一场高朋满座的婚宴，或者一套浪漫唯美的婚房，但这些世俗契约真的能够长久地维系爱情和婚姻吗？从表面上看，世俗契约令人乐此不疲，一拨又一拨的年轻人前赴后继以得之而后快。但这些美好的背后如果没有强大的精神契约的支撑，反而会成为爱情的羁绊，很多人因为不想选择被禁锢，或无法承受越来越重的世俗契约的负担，而逃离婚姻，背叛爱情，这绝非危言耸听，逐年攀升的离婚率可见一斑。

反观精神契约则伴随着双方在一起的每个日子，记载着彼此携手走过的点点滴滴，其中包括兴趣爱好、三观行为、语言理念等更深层次的沟通与磨合。这样的磨合其实就是精神契约不断缔造和巩固的过程，它才是维系婚姻的真正纽带，相处日子越久，越不舍得让这份契约土崩瓦解，因为它早已深深植根于两人心中，连血带肉地连根拔起是一种无法忍受之痛。

2. 婚姻是一种信仰

著名央视主持人白岩松曾经说过这样一句话："有信仰不一定幸福，没信仰一定不幸福。"没有信仰的时候，我们的欲望就没有满足之时，贪钱、贪色、贪权……然后为了满足自己的私欲毫无底线地去做一些事情。所以一个人不管任何时候都需要有信仰，婚姻也不例外。

当一个人在婚姻里慢慢发现没有信仰的时候，会迷失方向。他不会去顾及家人的感受，也不会去重视婚姻，还经常被一些极不负责任的想法所控制，比如年轻时要及时行乐，大不了就离婚，恢复自由之身。人只活一世，一定要满足自己的私欲，至于家庭、孩子，在其眼中不过是人人都该有的标准配置而已。当一个人沦陷于这些自私的想法当中，必然会失去自我，迷失前进的方向。

我们在很多时候对自己都无法认可，更何况一个毫无血缘关系的外人，没有人能为婚姻准确预测出期限，导致两个人分手的理由随时可能会出现，它的不确定性让人无法把控。比如生活习惯的不同，性格脾气的不合，为人处事的相左，价值观念的差异，有误解、有猜疑、有冲动、有烦躁，还有眼红攀比、审美疲劳等，不一而足，甚至早餐喝豆浆还是喝牛奶，晚上是吃米饭还是吃面条，都可能成为一场战争的导火索。如何共同走过这漫长的风雨？靠感觉，不能持久；靠财富、美貌、权力、地位，无法长久；只有依靠信仰，对自己和伴侣的坚信，对婚姻的不贰信仰。

信仰是人活着的一种信念，它会使我们明事理、懂畏惧。

婚姻里有了信仰的存在,我们会怕,怕失去,怕痛苦,怕众叛亲离。正因为这份怕,既会让我们更加珍惜眼前人,也会对婚姻更为敬畏,明白自己该做什么,不该做什么,用自己虔诚的心去对待婚姻,对待家人,对待自己。对婚姻的信仰其实是一种希望与寄托的结合体,用它可以为我们定制和丈量未来与幸福。理想的婚姻也许远在天涯,但真实的婚姻就近在身边,只要真心相信,小心呵护,平常的婚姻也会变成一块人间乐土!

3. 婚姻是一种责任

婚姻誓言,责任先行。没有责任的婚姻,只是一场游戏。当下有不少人声称,婚姻也是为了追求自由和享受人生,事实上,最好的自由是有条件的,是自由中所带的限制与自制,清楚有所为有所不为,而不是有钱任性,放浪形骸。权利如果缺少了义务的管辖,只是一道冷冰冰的墙壁,让人望而却步。

曾经沉浸在恋爱痴梦中的人有的感慨,婚姻是爱情的坟墓,一旦缔结了婚姻,恋爱时期如梦如幻的美妙感觉随之就消失殆尽,取而代之的是日常生活中无法逃避的柴、米、油、盐、酱、醋、茶等无尽的琐碎。但是婚姻又何尝只有琐碎?它是人生的一道分界线,线的两边是绝对的两重天,它能给你带来喜悦与温暖,也会给你戴上一副不轻不重的枷锁。进入婚姻不是盲目的随性而为,而是自醒后的谨慎抉择。每个人都应该清楚,在享受婚姻带给你的种种好处时,也应该放弃某些只属于单身的权利,比如夜夜笙歌、恋爱激情等。

　　婚姻不是为了延续后代，更不是为了获取一个身份，在你得到"丈夫"或"妻子"这个称呼时，也要用与之相配的责任与其呼应。 不管在任何场合，任何时候，都要明白，"我是一个丈夫"，"我是一个妻子"，有些事情必须要做，这是责任；而有些事情绝对不能做，这也是责任。 恪守夫道、妇道才是婚姻的常态，否则不仅会伤害到他人，更会让自己对婚姻和情感失去应有的敬畏之心，其结果只有徒劳的失望和无奈的破碎。

　　婚姻还意味着实实在在过日子，意味着把两个人融为一个整体，意味着无论走到哪里，都有一个亮着灯的家在等着你，都有一个牵挂你的人在盼你回来，这样的等待与牵挂是两人之间一种最温情的责任。

　　婚姻是一生的修行，夫妻之间的所有问题，都要在，也只能在关系内部解决，这需要夫妻之间心无挂碍地一起共修。夫妻关系是世界上最难处理的人际关系之一，素不相识的两个人一旦步入婚姻就要奔着朝夕相处一辈子的远大目标而勠力同心。 在这漫长的相处中仅仅依靠爱情不足以担此重任，还需要彼此的承诺、奉若信仰的护佑，以及智慧的经营管理，只有学会处理如何从恋爱迈向婚姻的各种复杂关系，才可能获得一生中看似最世俗却又最脱俗的幸福。

结婚冷静期

2018 年 8 月，民法典各分编（草案）中规定了一个月的离婚冷静期。草案一经发布，可谓一石激起千层浪，大家众说纷纭，另一个更加现实的"大众提案"也随之浮出水面——"结婚冷静期"。

离婚冷静期是为了应对当前不断攀升的离婚率和日益增多的闪离现象而设置的，对缓解双方矛盾、维护家庭稳定、保护孩子身心健康等方面都能起到一个有效的调整作用。但对我们而言，离婚冷静期更像是"亡羊补牢"，到底是为时晚矣，还是为时不晚，要看每个家庭的具体"病症"；而结婚冷静期，则更像是"未雨绸缪"般防患于未然，相对来说，更为重要。

在澳大利亚，根据法律规定，新人在填写完结婚意向书（Notice of Intended Marriage）后，还需要一个月之后才可以举行合法的婚礼，而这一个月也就是我们常说的冷静期，在此期间新人双方不允许举办婚礼。

如果填写完结婚意向书后的 18 个月之内，双方还没有举行婚礼，那么这份结婚意向书就会自动失效，新人双方需要重新填写。如果单方或者双方改变结婚的意向，可以随时通知婚姻注册官来废除结婚意向书。

　　根据英国《每日邮报》的报道，澳大利亚的离婚率目前已经下降到了 40 年来的最低值。 1996 年澳大利亚的离婚率为 2.9%，虽然澳大利亚人口迅猛增长，但 2016 年的离婚率却降到了 1.9%。 1996 年澳大利亚共有 52466 起离婚事件，到 2016 年，这个数字降到了 46604 起。

　　由此可见，在进入婚姻殿堂之前，给彼此一段冷静期，对婚姻能有一个准确的预期。 如果从恋爱到结婚，过于讲究效率，双方对彼此还未能有一个充分的接触和了解，就匆忙进入到婚姻，一旦婚后出现一些挑战底线的问题，诸如家暴倾向，那么，因为当初的草率和一时冲动所做出的决定，进而导致的惨痛后果，只能由自己一个人来承担。 我们一定要清醒地认识到：婚姻不是儿戏，盲目的婚姻就像一场豪赌，赌注就是你后半生的幸福。

　　因此，年轻人对待结婚一定要慎之又慎，千万不能头脑发热、感情用事。 现在看来，延续了几千年的古代婚姻制度，自有它一定的道理。 古时候，婚礼极其隆重，也非常烦琐。 为什么要这样隆重呢？ 就是因为这不是一件小事，不仅仅是两个人的结合，两个人的幸福，还关系到双方的家庭，未来的孩子，社会的安定和谐。 所以草率不得，要郑重其事。

　　一对夫妻就像大树上的叶子，社会就像树干，叶子与树干是相互依存的关系。 婚姻是道义，既要懂得大道，又要明白义务。

　　而现在的婚姻，年轻人自由恋爱，有些不过是感情上的一时冲动，并没有认真地思考过何为婚姻，为何要结婚。 年轻人往往也没有多少社会经验和阅历，很容易因为当时的荷尔蒙上升而一拍即合。 这样的爱情存在太多的不确定性。 今天与你情投意合，很可能明天就与别人心电感应；今天看你里里外外都是优点，婚后可能看你全方位无死角的不顺眼。 所以速成的爱情与婚姻，听起来既浪漫美好，又充满激情，其实很有可能是一场精心演绎的恋爱秀，禁不住时间和心的考验。 那些一见钟情，二见倾心，三见已成眷属的甜蜜爱情，大多出现在童话故事中。 恋爱中的你我可以冲动浪漫，但婚姻中的夫妻一定要理智慎重。

一位 30 多岁的企业高管，女性，有房有车，收入颇丰，唯独婚姻大事，总是不能如愿。忽然有一天，有意无意间参加的一个单身派对，为她的"脱单"吹响了前奏。有一个和她条件相当、门当户对的男人对她展开了疯狂地追求。

在交往过程中，这个"从天而降"的男人各方面条件和表现都堪称完美，只要你能想到的完美男人的特质，在他身上都有所体现：外资公司身居要职，年薪可观，英俊潇洒、见多识广、浪漫体贴，关键这个男人对女人那是百依百顺，无条件地满足各种要求，并且承诺结婚之后，也要继续把她当作手心里的宝，要让她成为天底下最幸福的女人。典型的"二十四孝男友"，很快就俘获了女人的芳心。

女人家里一直催婚催得紧，早已让她不胜其扰，在遇到他之后更是变本加厉，七大姑八大姨轮番上阵，有的干脆把结婚红包都送上了门。两个月后，他们领证结婚。

婚后，男人待女人如恋爱时无二，这让女人感到欣慰，心里常常感慨：多年的苦苦等待没有白费，终于等到了他，幸福如此突如其来，却又如此尽如人意。

不久之后，男人对女人说："我准备辞职，想和朋友合伙开个文化公司。"

她不假思索，双手赞成。

于是，男人以迅雷不及掩耳之势开始注册公司，其间女人跟着去签了几次字，签字时也没多想，因为男人告诉她，只是一些例行程序而已，没有任何问题。

婚后半年，新开的公司不知出了什么状况，倒闭了，男人告诉她要出趟远差，一走就是几个月，再也没见人影儿，打电话也不接，发微信也不回，仿佛一下子从人间蒸发了。女人隐隐不安，四处找人打听，男人却下落不明。

之后，法院的人找上门来，她被告知，丈夫的公司向银行贷了数百万贷款，现在公司已经倒闭，所欠债务必须由他们夫妻二人共同偿还。

女人一听，顿觉天旋地转，头重脚轻，仔细询问才明白，她老公注册的是个人独资企业，而且在登记时，明确以家庭共有财产作为个人出资。也就是说，企业在不能偿还债务时，夫妻双方都要承担企业的债务。而现在丈夫踪影全无，自然要由妻子来偿还。

女人欲哭无泪，房、车均被抵押。

这段仓促而短暂的婚姻更像是一场骗局，它比一般的"被负债"更为隐蔽，更具迷惑性，令人防不胜防。女人甜甜蜜蜜地一边低声吟诵着"岁月静好，现世安稳"，一边却被迫成为百万"负"婆，不仅人财两空，多年辛苦也付诸东流。不知她事后回想起这段开场看起来很美，终场却伤筋动骨的婚姻是否悔不当初，为了结婚而结婚，没有好好地了解对方的真实情况，完全被突如其来的完美与幸福冲晕了头脑，没有理性地给婚姻一个冷静的思考时间。

正像马克思的妻子燕妮曾说："当你打算和一个人共同生活、白头偕老的时候，用五六年的时间来做巨大而又必需的考察大概不算长……我希望卡尔跟我在一起是幸福的，正像我自己希望跟他在一起是幸福的一样。然而要做到这一点，我不仅应该成为一个贤妻良母，而且也应该成为他的同志，他的谋划人，不仅要相信而且要相敬。因为其中包括我的全部精神生活。不然的话，婚姻只不过是庸俗的契约，生锈的锁链，互相的折磨。"

婚姻说到底只是一个形式，我们的目标并不是为了婚姻，而是为了爱。特别是女人一定不要为了结婚而结婚，既然等了那么久，为什么不随顺自己的心，嫁给爱情呢？嫁给自己真正认同的人生伴侣。婚姻没有诀窍，就是要选择一个对的人，不要嫁给"没有安全感"的人。事业失败，可以从头来过；但婚姻，你所选择的是一辈子的合伙人，一旦失败，不仅付出巨大的成本和代价，而且也会给今后的人生蒙上一层阴影。因此，面对婚姻，最适宜的态度是——婚前谨慎思考，婚后坦诚相待。

读懂婚姻，就读懂了幸福

老公，快尝尝我新学的豆腐汤和炒年糕怎么样？

上次我去哥们儿家里，人家老婆做的韩式料理那叫一个正宗，你跟人家比只是起步阶段而已，差得太远了！

男人将妻子和他人的妻子相比较，目的是想让自己的妻子变得更好，不在朋友面前丢面子。但如果一味地比较和指责就会刺痛女人敏感的神经，让平静的生活出现裂痕。

老公，快尝尝我新学的豆腐汤和炒年糕怎么样？

在婚姻中，我们要改掉动不动就与他人做比较的习惯。只有互相尊重，采取客观的方式与自己相比，才能更为清晰地发现双方所做过的努力，所弥补过的缺憾，以及在婚姻中所走过的成长轨迹。

真不错！跟我哥们儿媳妇的手艺不相上下了，她可是美食编辑，你第一次做韩餐就做这么好，潜力无限啊！

莫让幸福在比较中迷失

　　幸福的婚姻属于自己，并非别人所赐予，所以，它无法比较，也无须比较。因为，比较是一把双刃剑，在比较的同时，既会刺伤别人，也会误伤自己，更会刺伤你原本拥有的幸福生活。但攀比是人的天性，人是一种善于比较的动物，我们身处人情世界的重重包围下，难免会将自己与他人进行比较，这种比较一旦比进婚姻里，它所引发的连锁反应就如同推倒多米诺骨牌一般让人猝不及防。

　　看朋友结婚，车如流水花如海，美酒珍馐贺佳偶；想想自己当年，几斤水果几斤糖，稀里糊涂入洞房，那份酸楚，时至今日依然悲从中来。看别人逢年过节，送礼者踏破门槛、挤裂墙；自家却是"西线无战事""黎明静悄悄"，那心里真不是个滋味。看别人丈夫，暮有进步，朝有提拔，今日大餐，明日豪饮；自家男人却是一成不变，朝九晚五，上班文件，下班游戏，那感觉只有自己心里最清楚。看人家儿成龙，女成凤，飞黄腾达；自家小子却是又倔又强，不求进取，只知啃老，那份苦闷令人苦不堪言，无从化解……

　　看看别人，比比自己，生活往往就在比来比去中，比出了怨恨，比出了嫌隙，比掉了自己原本拥有的幸福快乐。

　　一贯认为自己婚姻幸福、家庭美满的小雅近日也因闺蜜的一顿饭，中了比较之毒，且在不间断地发作中。

　　事情缘起于几天前闺蜜夫妻俩邀请小雅夫妇到一家高级餐厅吃饭，主题是庆贺闺蜜丈夫升职，也算是告别宴，她不久就要陪丈夫一起到美国，闺蜜的老公刚过而立之年，就被调到公司美国总部关键部门任职，格局一下从亚太地区扩展到全球范围。面对这丰盛的晚餐，优雅的环境，小雅却吃得食不知味，总觉得每道菜都酸溜溜的。看着闺蜜眉飞色舞地夸着自己的老公如何受到上司重视，还又体贴又顾家，完全是一个家里家外一手抓的全能选手。再看看自己的老公，年龄比人家还长几岁，在一个部门好几年都没有得到晋升，别说全球范围，他负责的那一亩三分地，也就局限于几个人。

　　回到家，连续几天小雅对丈夫都是一脸的失落，终于在一个周末的下午，她在送孩子上辅导班回家后，看见老公又在看球赛，彻底爆发了。怒气冲冲地把电视关上，一副横眉冷对的样子，开始批判自己的丈夫："你怎么就这么不求上进呢？你看看我闺蜜的老公，你再看看你自己，都多少年了既没有升职，也没有加薪，比你到公司晚的人都快跟你平起平坐了，你倒好，天天回家就知道看电视、逗孩子，怎么就不能在业务上长长心，多跟领导走动走动，好好表现表现呢！"

　　丈夫一听妻子的话，自然没好气儿地答道："我知道你嫉妒人家两口子，从那天晚上吃饭你就开始看不上我了，各种没理由的挑剔，你就不能把心态放平和点吗？

每个人的日子不同，为什么非要比呢？"

小雅一听更来气了："不比，不比怎么知道你这么没用！"对话自此就开始上演了相互揭短、攻击的关键剧情，最后丈夫穿上衣服，摔门而出，小雅一个人在屋里气呼呼地站着，一脸恨铁不成钢的样子。

看小雅的激烈反应，好像她的丈夫是一个随遇而安、不求上进的无用之辈，曾经她所钟爱的美满生活也被她一气之下全盘否定。殊不知，世间一切事有得必有失，闺蜜老公是一个事业心极重的人，在追求高位的同时，必然会牺牲掉与家人相处的甜蜜时光，并不完全如她所说的家庭、事业两不误。这在小雅平静下来之后，也慢慢体会到了，因为闺蜜以前不止一次地抱怨，她的婚姻都快成为丧偶式婚姻了，虽然表面上锦衣玉食，但在婚姻里却有着明显的缺失，辅导孩子、照顾家庭的责任完全压在她一个人身上，她的丈夫不是出差，就是在出差的路上。

而小雅在生了孩子以后换到家附近的图书馆工作，家里还有妈妈和婆婆一起帮忙照看孩子。为了让一家三口生活得更好，丈夫跳槽去了一家更大的公司，待遇虽然翻番，但是压力也随之增加，加班成了家常便饭。但小雅丈夫骨子里是一个顾家的人，对待工作虽然兢兢业业，但却不是野心勃勃的工作狂，周末一定会腾出一天时间享受和家人在一起的亲子时光，孩子每一步的阶段性成长，他都没有落下过，这也是小雅之前一直引以为豪的美好生活。

只是这样幸福的生活被一场有意无意地秀恩爱、炫成功打出了裂痕，再加上小雅的敏感和闺蜜之间的互相攀比之风，才酿成了今日之"祸"。我们应该懂得，那些别人随意抛出的值得艳羡的成就与耀眼的恩爱，只会让那些永不知满足的人上钩。

很多人总是习惯于用自己真实不虚的"原版人生"去和别人精心修饰过的"美颜人生"做无意义的比较，无论怎样比，都会产生不平与怨气。就算自认为自己有着别人比不了的幸福，也会在他人有意无意间扬扬得意、昭告天下秀幸福的时刻，让自己心里产生些许波澜，久而久之会成为心里的一粒种子，它会生根发芽，会肆意生长，最后由比较长成嫉妒，让你逐渐忽略掉曾经的幸福，对自己现有的生活和另一半产生怀疑和不满的情绪。这盲目的嫉妒就像一阵有预谋的沙尘暴，你只看到了眼前的飞沙走石，却忽略了背后安逸舒适的人间美景。

但是，为什么大家明知道比较会引起伤害的连锁反应，却又不由自主地去跟别人做比较，进而陷入既纠结又痛苦的泥潭呢？心理学家利昂·费斯廷格认为，跟其他人比较是一种本能的欲望。通过比较，我们才能找到自己所处的社会地位，向着憧憬追逐，面对不如我们的人会让我们有牢固的安全感和幸福感。但正是这种并无实际意义的比较，会给自己和家人带来深深的伤害和难以弥补的裂痕，如果一直对别人展现出来的幸福耿耿于怀，就会错过自己身处其中的美满。

人们总认为，爱比较这种心理大多会发生在女人身上，男人好攀比的概率会小一些，情况并非如我们所想象。爱比较、好攀比不是女人的专属性格特征，男人一旦沾染上这等恶习，可能有过之而无不及。

在男人的世界里，这样的比较不像女人间的攀比那样一览无余，它往往来得悄无声息，甚至不需要他人的有意为之，就能依靠自带的大男子主义观念，把最亲密的爱人放在高倍显微镜下去挑出瑕疵，之后在神不知鬼不觉的情况下，单方面地去改变伴侣，来迎合他那颗不甘于人后的虚荣之心。这样的伎俩开始也许能让彼此和谐共处，毕竟是为让妻子变得更好，但时间久了就会刺痛女人敏感而脆弱的心，给生活蒙上一层挥之不去的阴影。

丈夫和妻子十年前白手起家，开了一家设计公司，刚起步时，两个人每晚都要加班加点完成客户的订单，晚上就在狭小的工作室内打地铺休息，那时妻子的愿望听着既朴素又心酸："什么时候能休息一个双休日简直就是天大的幸福了！"在最艰难的日子里，是妻子给了丈夫全身心的支持与陪伴，终于守得云开见月明，经过常年的用心经营，设计公司声名远播，已成为业内翘楚，两个人的日子也是蒸蒸日上。

但在工作之余，夫妻间也会因为丈夫的频频应酬而发生争执，这样的争执有别于一般的情况，完全源自丈夫追求完美的心态，在任何方面都不甘落后，包括妻子。

比如，春节前丈夫要带着妻子参加一次业内聚会，妻子早早回到家，换衣服化妆，但丈夫回家看到精心装扮的妻子却皱起了眉头："这身衣服不适合今天的场合，妆容和发型也不合适，不行不行！"丈夫摇着头连说了几个不行，立刻拉上妻子到商场买了一套高级晚礼服，又请造型师专门化了一个晚妆，做了一个配合晚礼服的发型。看着经过他一手打造出的妻子款款走出造型屋，他一直拧着的眉头才慢慢舒展开来。

在男人眼中，可能认为只有这样的装扮才是体面的、拿得出手的，才能让他脸上有光，脚底生风。妻子看着丈夫终于露出的笑容，心里并不是很开心，她觉得自尊受到了挑战，为他操劳多年的"糟糠之妻"必须经过他的精心捯饬才带得出去，他曾经欣赏的随性自然，在一丝不苟的妆容衬托下已经变成了粗糙邋遢。

类似这样的事情在他们夫妻间不断发生，丈夫让妻子多读书，要变成"腹有诗书气自华"的女人，这样可以在他们经常举办的文化沙龙中小露一手；他还让她学茶艺和香道，等公司接待贵宾时一定会派上用场……这样的要求越来越多，妻子不想做时，丈夫便马上皱起眉头抱怨道："……的妻子怎样怎样，你却这么不知上进……"

一次妻子做了一桌自认为不错的饭菜，满心欢喜地看着丈夫求表扬，丈夫尝了两口说："上次我去哥们儿家里，人家老婆做的韩式料理那叫一个正宗，你跟人家比只是起步阶段而已，差得太远了！"妻子灿烂的笑容顿时凝结成冰，面对丈夫拿她与别人的妻子一次次的比较，她终于忍无可忍，所有的积怨在这一刻爆发。

这样的男人由于强烈的攀比心和虚荣心作怪，面对与自己一起同风雨共患难的妻子慢慢产生了不平心理，认为妻子已经跟不上自己不断发展的脚步和眼光，与自己各方面都产生了断层，需要他及时去拉拔点拨，才能让他在自己的社交圈里不被别人的妻子比下去。他从主动改变妻子发展到习惯性抨击对方，随时随地用自己的阅历和眼界来挑衅和挑剔妻子。但无论男人怎样挑剔，女人也无法成为对方爱慕的样子，反而在他不断地比较之中，蹉跎了那段原汁原味、同甘共苦的爱情。他也许不懂得一个女人要付出多少心血与精力，才能在勤俭持家和优雅体面之间切换自如，并且时刻准备着，在对方需要的时候就能迅速换上另一副面孔来接受他的严格检阅和众人的品头论足。

一味地比较是最无情的打压，也将是最确定的败局，只有尊重并接纳妻子的优点与不足，两个人寻找出彼此共同的兴趣点，才能重新找回曾经的那份默契与包容。

我们之所以选择伴侣结婚，并不是让对方胜过别人的丈夫或妻子，更不是一场对外的博弈，而是组建一个温暖惬意的避风港，在日复一日中沉淀出属于自己的幸福年轮。为了所谓的比较，为了和外人计较某一回合的输赢而闹得自家鸡飞狗跳、反目成仇，才真的是赔了夫人又折兵。当你不再专注于别人的炫目生活时，也不再对他人的优越心生艳羡时，你会发现，美好的生活不是做给任何人看的，更无须和任何人一搏输赢，一争长短。正如自然界中，长青之树无花，艳丽之花无果，雪输梅香，梅输雪白。我们各自安好，不扰他心，也不被他心所扰。

不完美的我们拼成完美的婚姻

愿你三冬暖，愿你春不寒；愿你天黑有灯，下雨有伞；愿你一路上，有良人相伴。 这是我们对美好生活的真挚向往。特别是在有生之年谁不希望自己能有良人相伴，缔结一段完美的姻缘呢？ 但放眼世间，一切都会回归平淡，哪会有绝对完美的伴侣和婚姻，有的不过是通过求同存异换来的相安无事。

爱情千般美好，婚姻万种不易。 在我们欢欢喜喜进入到婚姻后，随着时间的流逝，初时的激情成分慢慢不足以再驾驭两个人的感情方向时，夫妻双方就会很自然地跳入自掘的陷阱当中，挑剔、不满、矛盾与争执接踵而来。 特别是很多女人会变得喜欢说教，她们自以为通过真诚的唠叨和良药苦口的批评，有助于刺激和激励他人的改变。 但在现实生活中这种磨人的碎碎念更有可能会激起对方的逆反心理，反其道而行之，或者充耳不闻，依然我行我素。

现实生活中，有很多人都把强行改变他人的行为，自我标榜为"都是为你好"，究其根本，这种以自我意识为转移的改变往往不是出于真正的爱，而是为了满足自己的需求，自己需要他们变成这样的人，这是自己所需要和喜欢的。 但这种伎俩之所以不会获得成功，是因为自己并没有改变，双方之间的互动模式还是原来的样子，而且又添加了一层强迫，对方必然无法接受，也不愿改变。

要想打破僵局，只有首先改变自己，进而原谅和接纳不完美的伴侣。 好的婚姻是夫妻之间彼此滋养一起成长，而不是其中一方凌驾于另一方之上，以获取所谓的尊严，更不是掏空自己供养对方。 韦恩·戴尔博士曾说过这样一句话："当你改变对事物的看法，你所看到的失望也会改变。"所以婚姻中改变自己，接纳对方才是上策之选。

　　刚刚结婚不久的雨霏是一个有轻微洁癖的姑娘，而丈夫之前一直住在单身宿舍，过得简单又粗糙。两个人的生活习惯总是严重跑偏，甚至出现车祸现场一般的惨状。

　　一次，她刚刚把地板擦得干干净净，水还没有完全干透，老公就急匆匆地从外面跑进来，连鞋都没换，直接进到卧室取东西，他的身后留下了一大串黑脚印。

　　雨霏看着自己的劳动成果瞬间付之东流，马上连珠炮一般开始兴师问罪。

　　老公站在一边挠着头，笑眯眯地听着，听到最后，嬉皮笑脸地说："好啦，记住了，我刚才去交费，忘带身份证了，就想着拿上赶紧走，真没注意，你把地擦这么干净，真是辛苦啦，下次一定不会再这样了！你看，你总是要求我这个，要求我那个，我对你就什么要求都没有。"

　　"你也可以要求啊，我有什么做得不好的地方，你也可以提出来啊！"雨霏看着老公一如既往的憨厚样子，气也消了一半。

老公认真地看着她："我爱你，就什么要求都没有。我娶你，就是娶了全部的你，而不是只要你的优点和你的好处，你的洁癖、耍小脾气，是你的另一面，两者合在一起，才是最完整的你，我照单全收。"他说完，摸了摸雨霏的头，出门了。

雨霏站在客厅里，看着那一大串黑脚印，突然明白，每个人都是一个整体，既然选择在一起，就要接受完整的他，包括所有的优点和缺点。那些所谓的不完美，只要不会触及婚姻的底线，真的只是一些无伤大雅的小瑕疵，那就学着去接受，与它和平共处。

从那以后，雨霏还是一个轻微洁癖"患者"，并且继续坚持着，只是她从最初要求丈夫做到和自己保持一致，改掉以前的坏毛病，变成希望丈夫能尊重自己的劳动成果。而丈夫，也在潜移默化中，慢慢做出了改变。

我们每个人的性格爱好、脾气秉性，以及待人处事的方式方法，都有所不同，这是在长年累月的生活和工作中逐渐形成的，是渗入到骨髓深处的个人风格，而不是橡皮泥，可以随着意愿去任意改变。要想和另一半建立长久的亲密关系，不是冷眼旁观，站在他的对立面，而是要学着去和这些不完美和谐相处，学会理解和包容，甚至欣赏对方不完美之处。

有一点我们应该明白，每个人选择终身伴侣都是因为爱他/她，所以才要在一起，而不是因为爱他/她没有缺点和不足，才和他/她在一起。感情最和谐的状态莫过于：你的优点我都喜欢，你的缺点我都接受。

　　道理易懂，做到很难。很多人在面对爱情与婚姻时，总会陷入自己的完美想象中，一心希望未来或现在的爱情与婚姻，可以按照自己心中的预想去进行，完美的伴侣是对另一半的全情期望。也正是因为这样自我设定的完美，才会让人们在面对一段真实的感情时心理出现万丈落差，很容易身心都精疲力竭。由于自我意识的作祟，使人们总在一厢情愿地期待着对方可以成为自己理想中的模样。但如果所有一切如你所愿，都在沿着预先设定和认可的轨迹行进，没有丝毫出入，真的就是完美吗？相信接下来，你会开始抱怨，没有摩擦、没有争论的生活是多么无趣与乏味，一眼望去就能看到人生的终点在何方，其实是另一种极端的悲哀。爱情与婚姻中的"完美"与"不完美"，仿佛因此而成为一个无法化解的悖论。

　　我很喜欢的一部电影——由马特·达蒙和罗宾·威廉姆斯主演的《心灵捕手》，是一个有关天才的故事，更是一部揭露人性和救赎心灵的故事，我更倾向于后者。不可否认，"天才"这个词，在威尔身上展现得淋漓尽致，无处不在。但反观，这样千年不遇的天才，就是完美吗？作为旁观者，我所看到的，却是天才下面所隐藏着的一道心灵上的枷锁，他的身世，他的经历，他的敏感，都构筑出一个令人唏嘘不已的天才形象，表面光鲜亮丽，内在痛苦不堪。

　　正像他的死党所说，你拥有我们大多数人梦寐以求、甚至愿意用拥有的一切去交换的东西。但是，这所有光环放在威尔本人身上，他本人又作何感想？他唾手可得的似锦前程，真如别人眼中的那般值得庆幸吗？对他而言，他偶尔的锋芒毕露和铁齿铜牙不过都在掩藏他内心深处的孤独。

影片中作为心理咨询师的西恩教授发现威尔在亲密关系中陷入了困惑，他向威尔说了这样一段话："你不完美，你认识的女生也不完美，问题是你们是否完美地合适，亲密关系就是这么回事……真实就是美。人们称我们身上那些小瑕疵叫作不完美，其实那才是好东西，它可以帮我们选择，谁进入我们的世界。你的女生也不完美，关键是，你们是否合适。"这样的理解可以称得上是对亲密关系中"完美"与"不完美"的最好注解，令人拍案叫绝。

事实也确实如此，虽然我们每个人都在不遗余力地追求和展现所谓的完美，但西恩却认为人生最美妙之处恰恰在于不完美，正像他妻子身上的不完美之处，才让她成为他的妻子。她夜晚屁声很大，能把狗吵醒，就是这样的自带瑕疵，才让他深深地为之迷恋，这是他妻子与众不同的特质。现实生活中，没有人是绝对的完美，作为爱人，可能恰恰是对方的一些小瑕疵使你深陷幸福，不能自拔。不要刻意隐藏自己的不完美，坦诚相对，无论有多少瑕疵都尽可能地将其暴露于阳光之下。因此，在我们的亲密关系中最重要的不是扮演完美，而是两个不完美的人能否刚好完美地适合对方。

　　爱情与婚姻不是去爱一个完美的人，而是去接受一个不完美的人。人生漫漫，我们在经历了刚结婚时的你侬我侬，三年后的你冷我远，五年后的你怨我憎，七年后的你痒我忧……多年后，我们逐渐明白，世上本无完美可言，在挑剔对方之前，不妨先扪心自问，我是否十全十美，如果不是，又何必强求对方。学会和自己讲和，接纳不完美的伴侣。在婚姻里，妥协不是认输，而是认清生活本原后形成的智慧和大度；原谅不是懦弱，而是读懂生活内涵后表现出的豁达与慈悲。

　　人生就是这样，携手一生，记忆最深处所珍藏的往往是点点滴滴的不完美，最后凝聚成我们心中的完美。世界上有那么多更好的人，但选择与你在一起后，我的眼中便看不到别人。我们每个人都不是完美的另一半，但正是这样不完美的我们，才拼成一个完美的整体，成就一段你我眼中的完美婚姻。

在婚姻中成为最好的自己

婚姻制度并不完美，但夫妻之间要在原本的不完美中找到最适合彼此的一种长期发展关系。而这种关系的最好状态并不是以自我意识为转移地、生硬地改造对方，而是独立成长，互相成全，通过双方共修，提升生命的层次，让彼此都在婚姻中成为最好的自己。

杨澜的人生轨迹在外人看来充满了传奇色彩，而这传奇的背后，一直有一个赐予她力量的人，就是她的丈夫——吴征。有人说，杨澜给吴征的是一个家，吴征给杨澜的却是整个世界。正如她在书中所写："事业上，他给我支持，给我指引。如果没有吴征，我不会成为今天的我。是他在我挣扎于做一个主持人却不能掌握节目品质的时候，鼓励我学习当一名制作人；是他在我决定回国发展的时候，放下美国已有的生意，陪我一起回国重起炉灶；当我遭受谣言攻击，他抬起我的下巴说，'你要做一只高高飞翔的鸟'。"

现在的杨澜早已如吴征所愿，自由地翱翔在空中。杨澜发自肺腑地说："我是幸运的！"她的幸运源于她实现了很多人一生都无法企及的梦想，而吴征是她永远的支柱，在背后支持着她，让她能够屹立于时代的潮头。

为了杨澜，吴征一手创建了阳光文化。从艺术角度看，他是在做一份大事业，目的是展示和挖掘文化内涵与文化遗产。从个人角度说，他是在给杨澜创建一个电视世界，为她开拓出一片纵横驰骋的天地。因为吴征相信，以杨澜的能力绝不局限于做一名电视主持人或电视制片人，她需要更大的空间释放能量。

吴征用爱给杨澜构建出一个灿烂夺目的光环。这不仅让曾经熟悉杨澜的内地电视观众再次看到了她的风采，也让她在香港乃至全球的电视企业圈开始备受瞩目。

阳光文化创建不久，便被财经杂志《福布斯》评为"全球最佳300家小型企业"之一，并成为中国唯一入选20家"未来之星"的企业。而杨澜本人，也连续两年荣登《福布斯》中国富豪榜，成为"中国内地最富有的女人"。《亚洲周刊》把她评为泛亚地区20位社会与文化领袖之一。之后，杨澜宣布将她与吴征共同持有的阳光媒体投资集团权益的51%无偿捐献给社会，并在香港成立非营利机构阳光文化基金会。

一个女强人融入慈善，便孕育出刚中带柔的别样气韵，如同这段婚姻带给她的多次角色转换。一个女人之所以成为一个好的女人，不是她拥有多大名气和能力，而是这个女人对男人的用心与理解，是她让他体会到一种幸福柔情。

同样，一个男人之所以成为一个好的男人，不是他拥有多大成就和家业，而是这个男人对女人的维护与支持，是他让她体会到一种义薄云天。

作为一个有责任感的男人，吴征曾经用一句话来说明自己对家庭的看重，"如果没有共同的事业，我们的婚姻也会相当完美"。

两人在事业上是同一个战壕的战友，并肩作战，携手共进，这是夫妻同步成长、共同构建自己王国的理想模式，相互成就，又都有属于自己的一隅天地，在其中畅快追逐着梦想。大门亦为彼此敞开，随时可以交换空间探索新奇，达到了一种婚姻中的最佳状态：你是你，我是我，你中有我，我中有你。

这也许是婚姻带给我们的最大也是最诱人的好处，即使总以"毒舌"示人的马克·吐温，也曾说过这样柔情脉脉的话："爱情是奔跑速度最快的，却又是生长最慢的。在你纪念结婚 20 年之前，你很难明白一段好感情究竟意味着什么。"

在很多年轻人眼中，爱情的奔跑速度的确不慢，他们从相识到跑进婚姻，有的一年，有的半年，有的几个月，甚至几十天，闪婚现象不少。且不论这些成年男女，是否真的已经确定遇到了"对"的人，但确实有很多闪婚一族过得很好，所以婚姻并不在于恋爱时间的长短，而完全取决于婚姻中的两个人如何经营和相处。世间没有那么多所谓的门当户对、举案齐眉的完美婚姻，不过是两个不足满分的人，在痛苦中削除棱角，在坎坷中磨砺成长，一起努力，互相帮衬，经过长时间的打磨，才有望把日子过成一百分。

男人结婚的时候，没有人看好他的妻子，因为仅从硬件条件来看，两个人已是天壤之别，男人是名牌大学硕士毕业生，在国家事业单位工作，前途不可限量，而女人只有中专学历，在一家小公司做行政文员，工资收入只有男人的一个零头。两个人是初中同学，一次毕业十年的同学聚会让他们走到了一起。

结婚第二年，女人辞职在家，做起了微商，很少出门，只有每天定时联系快递取货。周围的邻居开始在背后指指点点，这么不务正业的女人，早晚会被净身出户。

不久以后，大家又注意到女人把公婆接到家里一起住，每到傍晚，经常看到她带着公婆去散步。

这时，邻居们已经很久没有见到男人的身影，爱挑拨是非的人们发挥出超强的想象力编造着大家都热衷的八卦，一定是男人看不上女人了，肯定在外面有新欢了，所以一直不回家，女人没办法，才把公婆接过来精心伺候着，就是想要挽留住丈夫的心。

这样自圆其说的风言风语也传到女人耳中一些，她并没有理会，一如既往打理着自己的微商生意，照顾着公婆。

终于谣言止于智者，后来大家才知道，原来男人是被单位外派出国学习两年，但家中不能没人照顾，特别是身体状况不佳的老母亲。

在男人一筹莫展的时候，是女人勇挑重担，主动提出，辞职在家照顾一家人的生活起居，还特意学习经营微商，以补贴家用。

两年后，男人深造归来，很快就被委以重任。在丈夫的鼓励和支持下，女人开始进修电子商务的大学课程，自己的微店也经营得风生水起。

看着这个小家的日子越过越红火，之前不看好他们婚姻的朋友和邻居纷纷转变了态度，在他们眼中曾经门不当户不对的婚姻，经过夫妻二人的妥善经营变成了人人羡慕的神仙眷侣。

这应该就是我们平常人理想中婚姻的样子：妻子体谅丈夫的难处，在关键时刻挺身而出，用柔弱的双肩扛起了家庭的重担，了却男人身后的牵挂，让他一心闯天涯。而男人在学成归来，前程似锦的同时，也关注着妻子的成长轨迹，鼓励她去做自己擅长的事情，实现人生价值和梦想。

只有彼此成就的夫妻，才能在世俗喧嚣嘈杂的生活里，找到最能让人和谐相处的关系，它不是无条件地接受和给予，不是一味地束缚和羁绊，更不是无底线地牺牲和将就，而是彼此付出，相互欣赏，共同成就。

爱情和婚姻中常常被人所提及的"为他/她好"，并不是让他/她完全属于你，而是让他/她成为最好的自己，读喜欢的书，做喜欢的工作，去喜欢的地方，看喜欢的电影，选择喜欢的朋友，只要他/她喜欢，放手让他/她去做，做一个最好的自己。

有旺盛生命力的感情，从来都不会互相制约，更不会相互打压，而是在我体谅你，你理解我之外，找到两个既不同又独立的个体之间的平衡点，而这个平衡点依靠爱情来维系，它不是谁变成谁的附属，谁的累赘，也不是谁为谁放弃了多少，错过了多少，而是因为共同的一份爱，因为相同的一个憧憬，两个心意相通的人，携手走进人间烟火，一起经营好自己和婚姻。

夫妻二人推动着婚姻不断前行，婚姻也促使着双方日渐成长，学会接纳自己，包容对方。婚姻就像一面镜子，喜、怒、忧、思、悲、恐、惊都毫无保留地映射到每个人的脸上，也会真实不虚地映射到彼此的生活里。婚姻就像一所综合大学，各个学科均有所涉及，双方在历练自己的同时，也历练着自己的伴侣。好的婚姻没有统一模式，但其根基却又大致相同，两个人相互契合，却又各自独立，各自精彩，最后共同成就，彼此都在婚姻的打磨中成为最好的自己！

第二章

延续爱情，婚姻不是坟墓

婚姻需要共同努力

有一条新闻曾引起了不小的轰动，《离婚 37 年后，八旬老两口在病房里复婚》。新闻中的男女主人公在 1954 年同时考入刚成立的首都师范大学，成为同班同学。毕业后，女人被分配到武汉工作，男人为了照顾年迈的母亲，选择回到了开封。两个人经历着异地恋，靠着书信往来和一年两次的短暂相聚，感情逐渐升温。1960 年修成正果，但直到 1975 年，男人才调到武汉工作，结束了长达 15 年两地分居的生活。

只是相爱容易，相处难。真正生活在一起才发现两个人的生活习惯存在着巨大的差距，朝思暮想的一对有情人仿佛变成了互不相容的两只刺猬，时不时会扎伤彼此，双方的矛盾一天天加深，1980 年，协议离婚。

男人虽然搬出了爱巢，却依然喜欢往熟悉的那个"家"里跑。电灯坏了，他回家修，柴火没了，他回家劈……隔三岔五就要去看望女人。之后的生活，男未再婚，女未再嫁，两个人过起了离婚不离家的另类生活。转眼间 30 多年过去了，如今，女人身患结肠癌且癌细胞扩散，来日无多，他们复婚了。

　　男人和女人是大学同班同学，4 年的朝夕相处没有让他们牵手校园，反而在毕业后开始了一段并不被世人看好的异地恋情，最终却还能喜结连理，它所依靠的就是牵肠挂肚的爱情和距离产生的美感。

　　爱情玄妙又美好，爱的时候可以忘记时间，忘记生活，甚至忘记自己，而异地恋又可在此基础上增加一层奇妙的想象，双方在无限美好的想象中完全陷入爱的包围圈，他们的爱情因为难得一见而变得更加弥足珍贵。对方的任何一点好都会在想象中被无限放大，所有的缺点都可以忽略不计，甚至还可以自作主张地将它们统统解释为优点，任何反对之声都能够成为阻挠美好爱情强有力的见证。

　　那时的他们盼望着每一次相聚，对他们而言，最幸福、最激动也是最紧张的时刻，莫过于去对方的城市约会，那座城市的存在只因为有他/她。两个人的爱情在想象中不断完美升华，在一次次久别重逢中感受着小别胜新婚的喜悦，与其说他们在与对方谈恋爱，不如说他们在与各自心目中想象出的那个完美的他/她谈恋爱，这份爱因为距离变得愈加美好和珍贵，两个人水到渠成地走进了婚姻。

　　人们都说熬过了异地恋就是一辈子。男女主人公在婚后的 15 年里依然保持着恋爱时的模式和节奏，两地分居，彼此相安无事，感情你侬我侬，想象中那个“完人”仍然存在，塑造出的形象日益清晰美好，并在各自心中生根发芽、根深蒂固，他们渴望真正在一起生活的愿望与日俱增。但真的团聚以后，开始近距离的日夜相伴，却突然发现对方不再是以前自己所熟知和深爱的那个人，现实中的彼此与想象中的爱人相差着十万八千里。 实实在在的婚姻磨去了对方自带的光环，柴米油盐的生活将诗和远方无情地拉回到现实，鸡毛蒜皮的琐碎给自认为完美的爱情一记响亮的耳光。 异地恋和两地分居时掩盖的那些不足瞬间成为生活的绊脚石，曾经忽略不计的缺点被无限放大，那些显而易见的优点如今却可以视而不见。 熬过了十几年的异地恋和两地分居，等待他们的不是一辈子，而是劳燕分飞，爱情终被婚姻埋葬。

正如人们常说的恋爱容易，婚姻不易，这如诗一般的漂亮话说到底就是我们不懂得自我成长和妥善经营。 新闻中的男女主人公从恋爱到婚后的最初十几年一直过着分居生活，虽然名义上是夫妻，但实际上与恋爱时并无差别，依然延续着各自的单身生活，偶尔的见面，也是充斥着满满的思念和新鲜感。在短暂的相聚后，又是桥归桥，路归路，如同两条平行线一般继续独自生活。 他们从生活到思维都习惯了一个人掌控，谁都没有准备好从"我"变成"我们"，没有准备好长期维系与和睦相处，任由生活的矛盾一点点积累，想象的美好一点点消失，最后必然扛不过真正的磨合期而分崩离析。

其实如果他们中有一个人可以主动去改变自己，调整状态，适时示弱，学会妥协，就不会在离婚后的 37 年时间里仍停留在他们各自熟悉的生活状态和舒适区域，偶尔的相聚，长久的分离。 正因为他们倔强和保守，谁也不愿主动迈出一步，而白白挥霍掉几十年的光阴，直到其中一方即将走到生命的尽头，才肯低下骄傲的头颅，将遗憾弥补，我们作为观众在庆幸之余，更多的是无奈。

世间有很多事物令人心驰神往：出众的学识，得意的境遇，美丽的知己，和睦的生活，美满的婚姻。我们曾是那么向往，经常向往到焦虑不安、患得患失。在这样的纠结中，或裹足不前荒废时光，或任性恣情不懂包容，最后只能去亲身体验生活带来的无情讽刺。人无完人，事无完美，你很可能得不到，即使得到了，结果剩下的谁知是不是心如死灰的绝望，抑或是惨不忍睹的一地鸡毛呢？

此时我不禁想起了郁达夫和王映霞那一场缠绵悱恻而又不堪回首的传奇爱情故事。1927 年新年伊始，享誉文坛的才子郁达夫第一次见到杭州第一美人王映霞，便一见钟情，为了俘获芳心，他以自己最擅长的方式，用一封封密集的情书向心中的佳人发起了猛烈的攻势。王映霞终究无法抵挡住郁达夫的苦苦追求，虽然她有婚约在身，他有发妻在侧，两个人还是义无反顾地走到一起，才子佳人的完美结合在当时的文坛成就了一段佳话。婚后几年，他们过着神仙眷侣般的快意生活，被诗人柳亚子誉为"富春江上神仙侣"。情至深处，郁达夫在杭州为王映霞亲筑别墅，并取了一个极具情调的名字"风雨茅庐"。

只可惜好梦难圆，倾注了郁达夫满腔心血用情感筑就的爱巢却未能见证他们相守到白头的坚贞爱情，反而成为缔造各式花边新闻的第一现场。1940 年 3 月，在这栋充满了古典神韵的东方建筑完工后的第四年，两人正式离婚，风雨茅庐还是没能为他们遮挡住风雨。曾经如胶似漆的一对恩爱璧人，分手时却是恶语相向。郁达夫推出的《毁家诗纪》毫不保留地暴露了自己的隐私与"家丑"，以及对王映霞"红杏出墙"的怀恨之意，各种羞辱、控诉跃然纸上，成了名副其实的毁家之作，而王映霞也以《一封长信的开始》和《请看事实》给予回应。在报纸的推波助澜下，昔日的才子佳人以如此不堪的方式结束了12年的婚姻。他们从萍水相逢到分道扬镳，戏剧性地印证了郁达夫婚前所言"我且留此一粒苦种，聊作他年的回忆"。

爱情在时，柔情蜜意，那不算真爱。只有经得起浪漫，受得住生活才是真爱。当两个相爱的人真正开始婚姻生活后，他们之间的相处由偶尔变成了长久，双方慢慢地不再刻意遮掩自身的不足，暴露出来的真实个性也会越来越多。能不能接受彼此还原的本来面目，需要经历一段痛苦的磨合。每个人所处的生长环境不同，思想和观点在短时间内很难达成一致，其间还会牵扯到双方原生家庭等各种复杂因素，面对这些现实又棘手的问题，如果仅仅依靠起初的激情，而没有双方共同的努力和智慧的经营，坚持下去的可能性很小。

我经常在傍晚看到小区里一对白发苍苍的夫妻一起散步，两个人总是习惯成自然地十指紧扣牵着手，男人稍稍走在靠女人的前面一点，这样的保护距离瞬间可以看出男人对女人的宠溺。他们有时谈笑风生，有时默然不语，女人偶尔帮着男人整理一下领口，男人在女人坐在凳子之前，习惯性地用纸巾擦掉表面的浮灰。落日的余晖映在他们的满头白发上，显得安静祥和。每每看到他们，心里总是莫名地感到温暖，从相爱到相守，从黑发到白头，经历了多少坎坷，只有他们最清楚，走过岁月的变迁，当初的惊涛骇浪换来了今日的相守白头，我依然能够握着你的手陪在你身旁，这才是"我爱你"最好的诠释，这才是婚姻最初的本心。

远离自以为是的"我懂你"

婚姻中最危险的男女关系就是，你不懂我，我不懂你，它所造成的杀伤力足以毁掉一个家庭。而我懂你，则是高度共情，甚至有人认为世间最可贵的不是爱，而是"懂"。这是最温情的语言，一句"我懂你"，被视为众人心灵深处的最高级渴求。在生命中，能够出现一个懂你的人是奢侈的，也是莫大的幸福。

但在现实的婚姻生活中，能真正做到"我懂你"的又有多少呢？我们经常能听到夫妻之间用极为笃定的语气说："你一定怎样怎样了""你肯定又如何如何了""你看，不用问，我就知道你肯定会这样做"。猛然一听，仿佛很懂对方的样子，但事实真相却并非如此。

微博曾流传过一张超级火爆的"夫妻必看"图，通过一个女人和她丈夫的日记，一针见血地指出男女之间的思维差异和貌似"我懂你"所带来的问题。

她的日记：

昨天晚上他真的是非常非常古怪。我们本来约好了一起去一个餐厅吃晚饭。但是我白天和我好朋友去购物了，结果就去晚了一会儿，可能因此他就不高兴了。他一直不理睬我，气氛僵极了。后来我主动让步，说我们都退一步，好好地交流一下吧。他虽然同意了，但是还是继续沉默，一副无精打采、心不在焉的样子。我问他到底怎么了，他只说"没事"。后来我就问他，是不是我惹他生气了。他说，这不关我的事，让我不要管。在回家的路上我对他说，我爱他。但是他只是继续开车，一点反应也没有。我真的不明白啊，我不知道他为什么不再说"我也爱你"了。

我们到家的时候我感觉，我可能要失去他了，因为他已经不想跟我有什么关系了，他不想理我了。他坐在那儿什么也不说，就只是闷着头地看电视。继续发呆，继续无精打采。后来我只好自己上床睡去了。10 分钟以后他爬到床上来了，他一直都在想别的什么。他的心思根本不在我这里！这真的是太让我心痛了。我决定要跟他好好地谈一谈。但是他居然睡着了！我只好躺在他身边默默地流泪，后来哭着哭着睡着了。我现在非常确定，他肯定是有了别的女人了。这真的像天塌下来了一样。天哪，我真不知道我活着还有什么意义。

他的日记：

可恶！今天意大利居然输了……

第一次看到这条微博，立刻笑喷饭了，之后又看到网上的各种花式评论和感慨，其中的一段让我印象深刻。一个姑娘将其直接分享给老公，老公看完后，直接说："怎么有话不直说呢？还写这么长的日记，真是多愁善感到一定境界了！这些问题只要说出来，不就解决了吗？"

姑娘以女人的直觉问："真的吗？ 说出来就能解决问题？ 我要是问你在外面是不是有别的女人了，你怎么回答？"

"我在外边哪有什么女人？ 你又胡思乱想什么呢？"

"那你昨天为什么不理我？ 我跟你说话，你也爱搭不理的。"

"昨天？ 昨天是因为我支持的球队输了，心情不好。"

"只是一场球赛而已，至于吗？ 我看你一定是在外面有别的女人了，你还不说实话。"

"你这是无理取闹，跟有些女人没什么两样！"男人摇摇头跑到书房去了。

两个人居然为一个模拟场景吵了起来，看着觉得既可爱又可笑。 但类似这样的情况经常在我们身边发生，很多事情大家都认为只要沟通，说出来就可以化解误会，其实这也是需要有一定前提条件的，前提是必须彼此信任。 如果双方心中已经认定了对方是自己想象中的模样，即使两个人看起来是在说同一件事，实际上都是按照自己的思维轨迹进行。

不管是写日记的女人，还是模拟场景的姑娘都已经在心里认定老公是一个出轨、不喜欢自己的人，而且还自认为已经对老公的一言一行都了如指掌，是最懂他的人。 因此，无论对方再怎么解释也无济于事，还会有越描越黑之嫌。

这种自以为是的认定，在心理学上被称为"投射"，就是一个人把自己以前所经历的情绪、感受、价值观、信念、好恶等个人体验，不自觉地投射到外界事物，或者他人身上的一种心理现象。这是一种心理上的防御机制，也就是："为了保护我们自身的心灵不受到伤害，我们可能会在关系中启动投射这种防御机制。"

而这种心理投射经常会为我们的生活和关系制造出种种障碍，比如，时常被人们提及的原生家庭问题。为什么原生家庭会对一个人的一生产生长久的影响？因为，孩子在成长过程中，得到的每一份关爱、受过的每一次伤害，都会被深深地烙刻在脑海中，植入到潜意识，随着年龄的增长，进一步被投射到成年后的生活和关系中。

其实，一个人成年后会有一个怎样的人生，父母早在他的童年就已经定下了基调：被父母呵护和赞赏的孩子，会期待他人如同父母般善待和关爱自己；而被父母否定和苛责的孩子，对自己也会充满挑剔和不认可。这样的心理会伴随其一生，就算自己发现后想刻意改变，也会在不经意间流露出原生家庭给他带来的投射效应。

婚姻生活也是如此，特别是长期婚姻，跟原生家庭一样，对人也有着极为深远的影响。

一位优质的离异男人，出现在一位女人的生活中。这个男人平时表现得非常大方得体，彬彬有礼，出去吃饭约会，从来不会让女人花钱。

他们慢慢地彼此靠近，相互了解，大有相见恨晚之意。一切看起来都朝着美好的方向发展，而这样的默契却因一句很随意的问话戛然而止。

一天，女人无意中问了一句跟男人房产有关的问题，结果，男人当场翻脸，大声指责女人居心不良，一心想着要了解自己的财产情况，结婚以后好伺机侵占。

女人仿佛丈二的和尚一样，摸不着头脑，刚才还卿卿我我地聊着以后在一起生活的幸福憧憬，就因为一句顺理成章的问话，瞬间翻脸不认人，真是个喜怒无常的狂躁男。

原来，男人从小家境贫寒，奋斗到现在，事业上小有成就，完全是依靠自己一人打拼，而且，在与前妻的婚姻中，也是在经济方面钩心斗角、彼此算计、你争我夺。他还自认为很懂女人，只要是接近他的女人，都是对他的财产有所图谋。男人在大方的外表下，有着一颗金钱至上的算计之心。

所以，这一次就将心理阴影无情地投射到无辜女人身上，在她一提及男人的房产时，他立刻启动了在金钱方面的防御机制。前一分钟还在口口声声地表达真爱，后一分钟立即切换到保护自己财产的"反击战"中。

而女人其实是一个只看重情义，不看重金钱的人。男人小心防范、精心捍卫的家产，女人从来就没有在乎过。像男人这样以己度人，自认为很懂女人，并把与前妻之间因为金钱而产生的阴影，全部投射到这个女人身上，这才令她心灰意冷、大失所望，当场分手走人。

这个男人带着之前婚姻里留下的创伤，走进了另一段感情，虽然前段婚姻已经结束，但在心理投射下的阴影并没有随之消失，而形成一种潜意识里的过往经验，认为女人都如他前妻一般，会对他的金钱有所企图，这样的投射心理势必会给每一个试图走近他的女人造成严重的误伤，也很难再建立起健康的婚姻关系，这也是负面投射所带来的巨大威力和伤害。

人是世界上最复杂的动物，因为先天基因、原生家庭、成长经历、个人性格、教育背景等各方面的差异，决定了每个人的与众不同。 不要再自作聪明地去制造所谓的"我懂你"的默契以拉近与别人，特别是夫妻、情侣间的心理距离，或者随意揣测对方的心理动机。 一句真正的"我懂你"是建立在彼此之间深入了解、长期相处的基础之上，里面蕴含着多少往事和经历，那份默契与信任只有当事人双方才能理解其中的深意。

婚姻里没有理所当然

　　世间既不存在无缘无故的爱情，也不存在只愿付出不图回报的感情，即使有这样的关系也注定不会长久。 那些能长久维持的感情一定是你敬我一尺，我还你一丈，有来有往方可经久不衰，历久弥新。 而中国式婚姻的悲剧，大多缘于把对方的付出看作"理所当然"，正是因为这四个字，多少爱情无疾而终，多少婚姻分道扬镳。

　　我们中的很多人都会顺理成章地陷入一个误区，可以感恩父母、朋友、同学、同事，甚至是对陌生人都可以伸出援手，唯独对自己的爱人却从来不知道感恩，还经常会说："我们是夫妻，不需要那么客气。"其实爱情里最厉害的磨损从来不是突如其来的妖媚第三者，而是"理所当然"的无情消耗。 当你把对方内心澎湃的所有付出都视作理所当然时，却忘记了他/她给你的所有体贴、照顾、陪伴、原谅和妥协都是出于爱，而绝非理所当然。

　　心理学上说：对一个人的付出不回应，或者是只表达失望和不满，是对一个人付出的最大扼杀。 电影《十二夜》中张柏芝和陈奕迅分手时的争吵，让无数女性泪流满面，那句"是不是我越紧张你，越对你好，你越是嚣张啊？"听着扎心又真实。 在婚姻中，当一个人把另一个人的付出看作理所当然而

延续爱情，婚姻不是坟墓

利刀割体痕易合，恶语伤人恨难消。在婚姻中，当一个人把另一个人的付出看作理所当然而无动于衷的时候，往往是婚姻出现变数和危机的前兆。

婚姻是珍惜，更是感恩，对于这些看似人人都懂的道理，如果能够深谙于心，知行合一，就会对爱人少一分挑剔和刻薄，多一分欣赏与赞美。

无动于衷的时候，往往是婚姻出现变数和危机的前兆，这样的
预警在婚后几年经常会响起。那时夫妻间的感情日趋平淡，
会走进一个越亲近反而越刻薄的怪圈，这其中的很大原因就是
面对另一半的真心付出，不再心存感恩，不管对方做什么都认
为是应该的。殊不知，这种"理所当然的付出"已成为婚姻
中的一大隐形杀手。在婚姻里让人痛彻心扉的莫过于我把你
当丈夫，你却把我当保姆。

　　有一对夫妻，男人是大男子主义的"重症患者"，平
时在家里就是一个衣来伸手、饭来张口的大爷，两手不
沾阳春水，里里外外全指望着女人一个人张罗，对这样
的失衡生活，没人提出异议，双方默契地维持着平衡。
　　天有不测风云，人有旦夕祸福。男人有一天在下班
途中遭遇了车祸，伤势很严重，在医院里整整躺了两个
多月，其间有很长一段时间生活不能自理，全靠女人每
天给他端屎倒尿，喂水喂饭，擦身净体，日夜操劳。两
个月过去了，他在床上养得白白胖胖，女人却累得筋疲
力尽，眼看着一天天消瘦下去。
　　男人的哥们儿去医院看望他时，看着他们夫妻二人
在短短的时间内出现这么明显的变化，不由得对他说：
"这次可多亏了嫂子没日没夜地照顾你，以后更得对嫂子
好了。"谁知，男人眼皮一翻，不屑一顾地说："这有什
么？我不就这时候才用得上她吗？平时活蹦乱跳的，还
用得着她照顾！"在场的人都面面相觑，女人原本热情相
迎的脸立刻黯淡下来，一脸的委屈。

利刀割体痕易合，恶语伤人恨难消。 熬夜受累、劳心劳力的几个月，换回的竟然是男人如此尖酸刻薄的话语，女人此刻一定心如刀绞。 但女人应该不止一次体验过类似的遭遇，而这种局面，也是夫妻二人一手造成的。 他们习以为常的生活模式一贯如此，女人对所有的家务事大包大揽，男人一推六二五，不闻不问。 最令人担忧的是：女人只知付出，男人却不知感恩，现在他们能"一个愿打，一个愿挨"地维持着这个家，但这种维系如果不从他们自身加以改变，终难以长久，早晚会出现"最后一根稻草"压垮这不甚和谐的婚姻。

类似这样的情况在我们日常生活中经常会遇到，有多少夫妻在步入婚姻殿堂后，随着时间的推移，就会对另一半的付出熟视无睹。 女人再也不会像婚前那样蜜里调油地对男人说："你真好！"男人也不会像恋爱时那样掏心掏肺地说一声："谢谢你。"这并不是彼此熟悉到一定程度的不见外和亲情感，而是一种内心的忽视与凉薄，久而久之，便会生出种种怨恨与隔阂。 特别是在婚姻中，两个人朝夕相处，如果一方习惯得到，却不再感恩，认为理所应当，另一方的心也就会慢慢变凉，再想焐热，又谈何容易。

在一段幸福婚姻里，一定有一个懂得付出、嘘寒问暖的好女人，也一定有一个懂得感恩、全情回报的好男人，能促使两个人走到最后靠的都是彼此珍惜和感恩。 正如著名导演李安曾在自传里这样写道：中国人造词很有意思，"恩爱"，恩与爱是扯不开的。 夫妻恩爱，就是先有恩后有爱。 只有感恩到对方的好，才会更爱对方。 他之所以可以说出如此感人肺腑的至理名言，都源自他那份同样感人肺腑的婚姻。

李安，蜚声国际的华人导演，迄今为止，所获奖项无数，其中3座奥斯卡金像奖，一举打破了好莱坞对亚裔导演的偏见。台前，他风光无限，赢得了世人的尊重和掌声；台后，他曾吃了六年"软饭"，夫妻二人一起熬过人生低谷。

李安的妻子林惠嘉，是美国伊利诺伊大学的生物学博士。两人因一场同学聚会相遇，一见钟情，之后相爱结婚，一切水到渠成，这是令人向往的爱情。结婚时的李安既没工作，也没事业，更没成就，是典型的"三无"人才，他在家"闲置"了整整6年。这段时光，李安称之为"蜗居的6年"，之所以说是"蜗居"，因为在那段时间，他没有稳定的工作和收入，全家人的生计都靠妻子一人维持，他的"主业"是煮饭、接送小孩、分担家事。

当李安在家感到无聊时，妻子就会点醒他："你不拍片就像个死人一样，我不需要一个死人丈夫！"当李安一天到晚呆坐时，妻子会鼓励他："你到底在干吗？无聊的话找点事做，不一定要是赚钱的事。"李安在自传里说："妻子林惠嘉从不要求我一定出去工作。她给我充足的时间和空间，让我去发挥、去创作。"

在李安那默默无闻、萎靡不振的6年时间，妻子一次又一次地对李安说道："安，要记得你心中的梦想。"几年过去了，连李安自己都想放弃梦想，去改行学编程，以贴补家用。这个时候，又是妻子对他说道："全世界学编程的那么多，又不差你李安一个。"

　　这句话，深深钻进了一个男人的心，在他几近绝望的心中点燃了希望的星星之火。不久后他们的生活迎来了转机。

　　1991 年，李安带着《推手》亮相。只用了 24 天，就拍完了这部电影，并一举夺得第 28 届金马奖的三项大奖。去领奖时，他穷得银行账户只剩下 43 美元，连出席典礼的西服都是借来的。

　　这一年他 37 岁，比别人晚一步"三十而立"，却早一步"四十不惑"。他的人生从此飞跃。

　　与这开挂的人生相对应的是整整 6 年的身心煎熬，但受尽折磨的又何止李安一人，林惠嘉不是圣人，没有未卜先知的能力，她面对年复一年的困境，也曾有过绝望哀痛的时候。她会打电话向妈妈诉苦，林妈妈心疼女儿，劝他们离婚。林惠嘉放下电话，一边号啕大哭，一边不断谴责自己：我怎么变成这样的女人。然后擦干眼泪，继续任劳任怨地养家糊口，相夫教子。终于，她等到了丈夫破茧而出的那一天。

　　李安为了感念妻子一路以来的不离不弃和支持鼓励，在成名后，每逢典礼晚会，都要带着妻子一同出席。每逢发表获奖感言，从不忘记发自内心地对妻子表达出感激之情。他对妻子的爱从不吝啬，他曾说过："要不是碰到我太太，我可能没有机会追求我的电影生涯。"

　　人与人之间的交往没有谁天生对谁好，也没有什么事情是应该的。我们对待别人的好，应该心存感恩，夫妻亦是如此，正如李安对妻子的投桃报李。其实，在长时间的婚姻生活中，真正能让人经久回味的，无不是琐碎间相互所表达的温暖，可能是一杯热水，一个体贴的微笑，一句充满感恩的话语，抑或是一个热情洋溢的拥抱……婚姻是懂得，是珍惜，更是感恩，对于这些看似人人都懂的道理，如果能够深谙于心，知行合一，就会对爱人少一分挑剔和刻薄，多一分欣赏与宽容。

老人言"一日夫妻百日恩"，就是这些恩，一点一滴存下彼此的爱，并将恩爱在心中生根，当生活中遇到狂风暴雨时，这些恩会为你们共同撑起一把爱的伞，避免婚姻在风雨中无根飘摇。我们要明白，所有忘我的付出都倾注着挚爱，所有温馨的细节里都浸透着关怀。彼此懂得了付出，互相领悟了细节，心就会通透，情就会升华，因为只有爱，才有这些不图回报的付出，也只有爱，才有这些难以忘怀的细节。让我们把这份爱用付出来回馈，用感恩来呼应，营造出充满爱的空间，构建起根深蒂固的爱巢。指尖上流走的光阴，默然不语；心间上散下的阳光，与爱同在。家，永远是你的精神寄托；而爱人，永远是你的坚实依靠。

不要成为温柔的迫害者

　　柔情似水的爱情是每个人都渴望得到的，但在我们的生活中，有一种陷阱，叫作温柔的迫害。它是以温柔作为面具，以爱作为借口，一点点蚕食和侵占伴侣的内心世界，甚至妨碍伴侣的全部生活，用自己"温柔无辜"的利器，在无声无息间，将对方置于身在福中不知福的境地，而那些有冤无处诉的伴侣就像被凌迟的犯人，一点点被温柔的迫害者推向绝境。

　　而他们自己本人对此却毫不知情，日复一日地扮演着看似体贴入微、人畜无害，实则折磨别人、惩罚自己的厉害角色。无论是为了对方无条件牺牲自己的爱人，还是为了孩子心甘情愿付出一切的父母，抑或是每时每刻都不愿与孩子分离的母亲，行为太过的他们有时可能是披着"温柔"外衣的迫害者。

　　嘉仪就是这样一位用"生命"为丈夫"无私"付出的妻子。等待晚归的丈夫，是她每天必修的"晚课"，而她的丈夫在面对妻子的殷勤奉献，极为默契地配合着她，夜夜晚归，愈演愈烈，这种你等我迟的诡异现象始于两人新婚的几个月后。因为丈夫在单位的出色表现，被提升为销售总监，应酬也随之多起来，而每晚回来，嘉仪都会坐在沙发上等着他，无论多晚。丈夫开始觉得很温暖，每次深夜开车到小区楼下，都会下意识地抬头看一眼楼上亮着的那盏灯，他知道，这灯是为他而亮。但他也很心疼妻子，几乎每次晚归都会不止一次地告诉妻子，不要再等他了，尤其是进入年末，有大量的应酬和加班，两个人一起熬着，实在没必要。而嘉仪一开始表示，"我就喜欢等你回家的那种感觉，让我觉得踏实"。就这样，你心有负罪、我心甘情愿的日子在有些不对等的付出中慢慢度过。

后来，丈夫渐渐发现等待他晚归的妻子，产生了一种越来越重的执念，这种执念从哀怨的眼神就能看出。更可怕的是这种执念已经蔓延到生活中的点点滴滴，只要稍不合妻子心意，夺命的眼神就会出现。比如他自己削了一个苹果，却没给她削；他觉得天气变冷，换上了厚外套，却没跟她说；他喜欢吃面食，却没顾及爱吃米饭的她……类似这种外人看来只要一句话就能解决的无关紧要的小事，都成为丈夫不懂得感恩的"铁证"。

这样的爱和眼神是一种精神上的绑架和桎梏，让丈夫越来越觉得压力沉重，只要回到家，就会感觉到空气中充斥着怨怼和指责，而妻子却什么都不说，看得出她在刻意地压抑自己的情绪。

又是一次晚归，已经凌晨1点了，丈夫在楼下没看到亮着的那盏灯，心里感到莫名的轻松，谁知推开门，在黑暗中依然看到等待他的妻子，他瞬间头皮发麻："唉，都跟你说过多少次了，别总这么等着我，再说也给你打过电话，今天会比较晚，你要是熬坏了身体我得多心疼啊!"丈夫本想表达一下自己的心意，从嘴里生挤出了"心疼"两个字。嘉仪听到这，站起身，面无表情地说："你要是真的心疼我，就不会总那么晚回来了!"丈夫没心情再将无意义的对话继续下去，转身就去洗澡了。

嘉仪听着浴室里的流水声，心乱如麻，百爪挠心，她的内心已经完全没办法与表面的平静相一致，一直以来的睡眠不足和精神过度压抑，令她明显感到身体吃不消。想改变这种局面却无从下手，自己已经习惯了这种等待和付出，她希望自己一片细如毛发的真心能得到丈夫的理解，并由此加以改变，变成自己喜欢的样子，可却总是事与愿违。

在浴室里的丈夫，此刻也在想，为什么妻子现在变得这么固执? 但这种情况如果跟外人说，大家都会觉得是自己不知足，妻子熬夜等你回来，你却毫不领情。可自己心里很清楚，这不是关心，更不是爱，是一种温柔的迫害，让自己无处可逃。对于回家这件事，现在真的已经产生了恐惧心理，即使妻子什么都不说，仅凭哀怨的眼神足以分分钟让自己窒息。多么希望，有一天回到家，她已经进入梦乡，这样自己就可以毫无压力地洗个澡，然后倒头大睡。而现在，妻子还在客厅等自己洗完澡，然后一起默默无言地上床睡觉。

后来的日子，两个人慢慢陷入一种对抗状态。丈夫一副百毒不侵、刀枪不入的样子，明明知道妻子在等他，他却越回越晚，有时候凌晨三四点才回到家;而妻子就这样执拗地等着，脸上写满了"你一夜不归，我就等你一夜"的壮志豪情。夫妻间明显进入到恶性博弈之中，你等待，我就偏不让你满足；你不按我的意思办，我就让你没有退路。

这样拧巴的婚姻还能坚持多久，不得而知，但如果两个人不想让这段婚姻报废，就必须从本质上去加以改变，才能让"患病"的婚姻慢慢得到"康复"。

嘉仪和她的丈夫都在爱的方面能力不足，特别是在亲密关系中他们表达爱的方式只是控制与逃避。而妻子的性格中又明显带有侵略性的忧郁型人格特质，极度依赖对方，整天处在焦虑之中，生怕对方不爱她，便摆出一副在爱中隐忍求全、鞠躬尽瘁的无私奉献者的姿态。她自认为对丈夫关心得无微不至，实际是在用一种外在温柔的假象折磨着他，活生生把他逼成罪人，逼到角落，承担着一系列莫须有的罪名。妻子这种全方位的陪伴确实如丈夫所感受的那样，是一种温柔的迫害，她自认为爱得很真、很痛、很辛苦，却不知这样沉重的爱根本不是爱，而是一种因为不安全感而滋生出的强烈控制欲。

在外人眼中的嘉仪，被评价为谦虚低调，善于服从，容易配合，富有同情心，是一个贤妻良母。对她更了解的朋友则会看到更深层次的她，依赖性过强，独立性差，缺乏主见，一味无条件地顺从他人意见。而在婚姻中，嘉仪会巧妙运用人们价值观的美德，用"奉献、牺牲、配合"等掩饰她的过度依赖。旁人会误认为她一定是在婚姻中付出最多、受伤最重的那个人。其实，只要亲眼看到她和丈夫之间的互动，就可以切身体会到那个被温柔迫害的可怜男人是怎样身处绝境。

　　像嘉仪这般的人在日常生活中并不少见,他们最善于让对方产生罪恶感,逼得对方处处小心;如果他们带有侵略性的温柔迫害没有让对方产生负罪感,那么他们就会把迫害的矛头指向自己,出现自虐倾向,以求得伴侣的迷途知返和深切关注。但这种极度的依赖只会让对方不堪重负,最终彻底逃离这个温柔的陷阱。

　　因此,身处婚姻中的我们,一定要学会自我滋养和自我陪伴,这是一种爱的能力。只有能自我滋养的人,才能用宽容和大度滋养对方,而不是无极限地制约和限制对方。同样,具备自我陪伴能力的人,才能真正地陪伴他人,而不是以陪伴为借口进行温柔迫害。

用妥协弥补婚姻的漏洞

刚刚步入婚姻殿堂的新人，在度过如胶似漆的蜜月期后，需要放下玫瑰，拿起扫把，共同面对家中的柴米油盐、盆盆罐罐，用一段时间来适应日趋平淡和现实的婚姻生活，这一阶段可以说是婚姻的磨合期。但很多年轻夫妻并不知道该如何度过这一磨合期，更不懂得在遇到矛盾时应采取让步与妥协，总是会以怒制怒，甚至一气之下提出离婚。

特别是在结婚的前几年，因为处在适应婚后生活的阶段，夫妻双方一定要沉住气，绝对不能你一言、我一语，针锋相对，互不相让，那样只会小事变大，最终闹到不可收拾的地步。

所以，双方随着时间的推移，彼此间的个性在经过不断磨合、修正后，要逐渐达到一种妥协式的认同，并慢慢接受彼此的差异存在。那时，双方就会逐渐将动不动挂在嘴边的"离婚"二字磨掉了。

结婚不满三个月的张小姐因为平时总是和丈夫大吵、小吵不断而苦恼不已，她对婚姻几乎失去了信心，终于在一次"战争"后对丈夫哭喊着说："你说，叫我怎么跟你过一辈子？与其这么三天一小吵，五天一大吵的，不如离婚算了！"当说出"离婚"两个字以后，张小姐看了看窗外湛蓝如洗的天空，感到了一种从未有过的、短暂的轻松。这个想法已经在她的脑海中闪现过很多次，这一次终于宣之于口。

"我们到婚姻登记处办手续吧。"她说。丈夫窝在沙发里紧锁着眉头看着书，一句话也没有，只是抬头看了一眼怒火中烧的妻子，又继续低头看那本半天也看不完一页的书。妻子见丈夫没有任何反应，又提高了嗓门说道："我再说一遍，离婚！你别以为我是在闹情绪，我已经考虑很久了，我们也别再互相折磨了，这样的日子我受够了！"说着，她拿出了准备好的离婚协议书，递到丈夫面前。他怔了一下，被妻子的有备而来着实吓了一跳。沉默了半晌，他的脸色越来越凝重，呼吸也明显加重了，最后铁青着脸挤出了两个字："不签！"

妻子把离婚协议书收了回来，又拿出了一份已经打印好的正式文件——《婚前财产登记表》。丈夫的脸色更加难看，以前温柔可人的妻子正一步一步把自己逼进了死胡同。张小姐知道丈夫真的紧张了，他两只眼紧紧盯着表格的某一点，仿佛时间停止了一般，手上的书轻轻地颤抖着。

妻子心里忽然觉得很得意，这就是她想要的结果。丈夫在妻子咄咄逼人的威胁下，终于开了口："这样吧，离婚与否，我们让上天来决定好不好？如果今天晚上十二点之前不下雨，我答应你，要我签什么字都行，而且房子归你；如果十二点之前下雨了，我们就和好如初，以后不再提'离婚'这两个字，好吗？"

丈夫的提议完全出乎妻子的意料。她逐字逐句地推敲着丈夫的话，生怕里面藏着什么她悟不透的玄机，仔细想了半天，心想，天气这么好，怎么可能下雨呢？我凭什么不敢打这样的赌，于是便点头答应了。

天渐渐黑了下来，张小姐跑到小卧室，独自一人躺在床上，却辗转反侧怎么也睡不着。她不知不觉回忆起过去和丈夫的点点滴滴，一幕幕温馨浪漫的场景浮现在眼前，令人无法释怀。其实，他也算得上是一个好丈夫，两个人这些天的争吵，很多都是因为自己的无理取闹。想着想着，她心里忽然不安起来，看着窗外月明风清，天气怎么还这么好！她内心深处纠缠着一个个理不清的心绪。

看看表，已经十一点多了，她再也躺不住了，披了件衣服走到窗前，盯着繁星满天的夜空，莫名其妙地焦虑起来，再看看表，十一点半了。

她心里开始埋怨起自己的丈夫，人家要脾气说要离婚，你说两句好话哄哄我不就行了吗？偏要看什么老天的意思？明知天气那么好，怎么可能会下雨呢，分明就是他自己想要离婚。张小姐越想越委屈，不知在何时已经泪流满面。

忽然，窗外的屋檐上发出了"滴答，滴答"的声音，分明是水滴声，真的下起了及时雨！她的眼中闪过了希望，抑郁的心情仿佛一下子得到了解脱。但是，这雨声好像有些奇怪，一会儿紧凑，一会儿稀疏，再走到客厅打开窗一看，依然是皓月当空。

　　她这时才发现丈夫并没有在大卧室，她蹑手蹑脚地走到楼顶，还未来得及擦干的泪水，又夺眶而出。只见丈夫正从水桶里一舀一舀地舀出水，小心翼翼地浇在卧室窗户的外边，让往下滴落的水形成了"人造雨"。看到眼前的这一幕，妻子一句话也没说，悄悄地回到大卧室的床上，在淅淅沥沥的"雨声"中甜蜜地进入了梦乡。

　　其实，生长在不同环境的两个人，即使再怎样契合，心有灵犀，难免也会发生冲突。意见不统一的时候，不同的思想碰撞，自然需要处理矛盾时做出妥协。因此，两个人吵架，最终有一个人必先认输，甚至道歉，唯有如此，激烈的争吵才能偃旗息鼓，才能让两个人的情绪重新回到正常的轨道。

　　当然，家不是讲理的地方，认输也不是真正意义上的认输，只是其中的一方更为大度，更加在意这一路走来的感情。当轰轰烈烈渐行渐远，能否相濡以沫就在考验两个人的宽容与气度了。所以，这种认输便成为感情上最优雅的妥协，可以及时有效地弥补婚姻的漏洞。正像著名的婚姻专家约翰·戈特曼建议人们的那样，在应对冲突时一定要做到三个"不要"：不要退避，不要负面回应，不要来回传递负面情绪。要主动、积极、正面地去妥协，化解矛盾和冲突。

　　很多夫妻错把曾经爱的激情当成了生活的必需，也错把生活中的平淡误解为爱已经消失，这就是走进婚姻后很多人觉得无法维持下去的原因，也是很多人认定婚姻就是爱情坟墓的根源。殊不知，有爱情的婚姻才能在坟墓中永生。

　　爱情不能将就，因为走入婚姻后你要接受他的好，宽容体谅甚至潜移默化影响他的不好，如果找到一个将就的人，那么婚姻绝对不长久。 但如果婚姻中不懂得妥协的艺术，那么婚姻也会逐渐走上穷途末路，而这种妥协，就是彼此低下高昂的头向感情屈服。

　　但是需要格外强调的是：婚姻中的妥协是有底线的，它并不代表任何一方可以在爱情和婚姻的掩护下肆意妄为。 一旦超出了婚姻所能容忍的限度，这份弥补漏洞的妥协就会消失殆尽，任凭你再怎样追悔莫及也将无济于事。

第三章

琐碎生活，学会智慧经营

不同的你我何须硬性改造

夫妻来自两个不同背景的家庭，有着各自的生活习惯和经历，要想和睦共处，唯有互相包容。道理人人都懂，但真正做到能有几人？我们总会陷入改造对方的执念当中，殊不知，你越是渴望一个人按照你的愿望去改变，那个人就会越抵触你的意志，有时还会忍不住或故意往截然相反的方向走去。

正如马歇尔·卢森堡的著作《非暴力沟通》一书中所说："不管你语言多华丽，动机多高尚，一旦对方认为你的目标是改变他，他就会本能的抵抗这一目标。"没有人会心甘情愿接受别人强加给自己的意志，并为之去改变。不管这种"意志"多么正确，多么高大上，多么善解人意：我是为了让你变得更好，为了你的身体健康，为了你将来的幸福……只要是试图改变别人的想法一出，必然只能收获到反抗，因为任何强行植入他人的念头，都是对人自由意志的压迫和剥夺。

我一个朋友的父母，被称为"铜盆碰上铁刷子"组合，几十年过去，他们天天争吵，不是夫妻间的打情骂俏，而是毫不顾忌对方尊严的针锋相对的战争。每到周末，我的朋友都要经历痛苦的洗礼，两个人会轮番向他控诉，指责对方的各种劣行。

　　最开始，他以为只是发牢骚，之后他发现其中的真相：他的父母无时无刻不在渴望改造硬性的对方，却一次次以失败告终，但他们却从没有反省过，反而屡战屡败，屡败屡战。在他们各自的脑海中，就像有一张随时更新的电子表格，时刻能够筛选出指责对方的信息。我的朋友多次劝解无效，他们不但没有做出丝毫改变，还有愈演愈烈之势，经常会为了朋友的立场问题，将其扯到战火之中，殃及无辜。

　　朋友父母二十多年来的痛苦全部源自要硬性改造对方，换来的就是年复一年的势不两立，他们总以自我为中心，喜欢把自认为的好东西，强加给对方，而忽略对方的主观感受。这不是他们自以为是的爱，只是通过抹杀对方的自由意志，满足自我控制的欲望罢了。

　　我们应该懂得，爱不是一味地给予，不是盲目地牺牲，更不是以打压你的意志来满足我的期待和想象，爱是理解并接纳，是"如他所是"，而非"如你所愿"。

　　英国大政治家狄斯瑞利曾笃定地说："我一生或许有过不少错误和愚行，可是我绝对不打算为爱情而结婚。"

　　他这样说的，也是这样做的。在他35岁前一直孑然一身，后来，他向一个有钱的寡妇求婚，那是一个比他大15岁，已经过了五十个寒暑，头发灰白的寡妇。

　　这是爱情的力量？当然不是。她知道他不爱她，而是为了金钱而选择跟她在一起，因此年老的寡妇只提出了一个要求，给她一年时间，她要观察他的品格。一年过去了，她和他结婚了。

这个故事听来既平淡无奇，又世俗无趣，简直就是一场交易！但是，让人们百思不解的是，狄斯瑞利的这桩婚姻，却被人称为最美满的婚姻之一。

这位大政治家的妻子，既不年轻，也不漂亮，更不具有智慧，她的言谈经常会在文学上、史学上出现极大的错误，往往成为人们讥笑的对象。比如"她永远弄不清楚，是先有希腊，还是先有罗马"。她的衣饰打扮古怪离奇，对家居摆设也是一窍不通。就是这样一个看似粗鄙不堪的女人，却在如何对待婚姻，以及如何对待丈夫方面，是一位真正的天才。

她从不让自己站在丈夫的对立面，每当狄斯瑞利与那些敏锐机智的公爵贵夫人们经过一下午钩心斗角、暗藏玄机的谈话，筋疲力尽地回到家里时，她轻松愉快的闲谈，能够立刻让他感受到无拘无束，心安神宁。这个愉悦感与日俱增的家庭，是他全身心放松的港湾。

狄斯瑞利一生最幸福的时刻，就是与他年长的太太在一起共度的美好时光。她不仅是他的贤内助，还是他的亲信兼顾问。每天晚上，他从众议院回到家中，都会告诉她白天的所见所闻，而她总是微笑着认真倾听。最重要的一点，只要是他努力做的事情，她就坚定不移地相信他一定会取得成功。

在30年的婚姻生活中，玛丽安，这个50岁再婚的寡妇，认为她的财产之所以有价值，是因为它能使丈夫的生活更加舒适安逸。与之相应，她也成为他心目中的女英雄。狄斯瑞利是在她去世后，才被封授伯爵。但当他还是平民时，就请求维多利亚女王封授玛丽安为贵族。因此在 1868 年，他的妻子就已经被封为"毕根菲尔特"女子爵。

无论玛丽安在众人面前表现得多么愚昧无知，他从来不会批评她，也不会说出一句责备的话语，如果有人嘲笑她，他会立即为她辩护。

玛丽安与"完美"一词相距甚远，可在她后 30 年的婚姻里，她不知疲倦地谈论着她的丈夫，并且由衷地称赞他、钦佩他！她的付出得到了对等的回报，狄斯瑞利发自肺腑地说："我们结婚 30 年，我从没厌倦过她。"

虽然大多数人会认为，玛丽安不懂历史，愚不可及，与狄斯瑞利完全是两个世界的人。但对狄斯瑞利而言，玛丽安是他一生中最重要的人。而玛丽安也常对她的朋友们说："感谢上帝的慈爱，让我遇到了狄斯瑞利。"

他们之间，有一个笑话。狄斯瑞利曾这样说："你知道的，我当初向你求婚，只是为了你的钱！"玛丽安笑着回答："是的，但如果你再一次向我求婚，一定是为了爱我，你说对不对？"狄斯瑞利承认那是对的。

虽然，玛丽安并不完美，但睿智的狄斯瑞利却能够让她保持原本的本性。所以，若你要你的家庭有个美满、快乐的生活，那么规则是：别尝试改造你的伴侣。伍特在他所著的一部有关家庭方面的书上这样写道："婚姻的成功，那不只是寻找一个适当的人，而是自己该如何做一个适当的人。"

英国圣公会主教的墓志铭是这样一段话："当我年轻自由的时候，我的想象力没有任何局限，我梦想改变这个世界。当我渐渐成熟的时候，我发现这个世界是不可能改变的。于是，我将眼光放得短浅了一些，那就只改变我的国家吧！但是我的国家似乎也是我无法改变的。当我到了迟暮之年，我抱着最后一线希望，我决定只改变我的家庭，改变我亲近的人，经验证我发现，这也不可能，因为他们根本不接受改变。在我生命将要结束的时候，我突然意识到，如果起初我只改变自己，接着我就可以依次改变我的家人，然后，在他们的激发和鼓励下，我也许能为我的国家做些事情；再接下来，也许我连整个世界都可以改变。"

由此可见，试图改变他人的人是不明智的，让最亲密的人按照自己的意图去改变是人最大的妄想，所有一切可执行的改变都源于改变自我，进而潜移默化地去影响他人。大多数的和睦家庭，都不会去干涉彼此间原有的那种特别快乐的方法，而是允许双方差异的存在，夫妻的个性最大限度地得以保留。事实证明，宽容是夫妻和睦的重要前提，本就不同的两个人，何须去硬性改造。

长久的爱是包容

爱一个人，是因为欣赏对方的优点，如果想将这份爱维持得更久、更长远，则需要无条件地包容对方的缺点。婚姻中的双方，应该是宁愿完整地接受一个有缺点的爱人，而不是按照自己的想象去雕刻一个完美，但没有个性和灵魂的爱人。在婚姻生活的磨砺中，恋爱时的特点很可能会毫无保留地还原成缺点，而且还会有越来越多的缺点暴露，于是很多人便不爱了，把缺点和错误画上等号，既然这样为什么要爱一个有太多缺点和错误的人呢？爱情一旦走到这里就岌岌可危了。

但还有很多人，当发现对方的缺点日益显现时，并没有选择离开，而是包容了爱人的缺点。因为他们知道自己看重对方的是什么，会把这些优点无限放大，不断地看到和欣赏对方身上的闪光点。至于那些缺点和不足，只要无伤大雅，又有何畏惧。正所谓，"金无足赤，人无完人"，自己身上又何尝没有令对方感到不能接受的缺点呢？包容别人，就是包容自己。

婚姻与恋爱最大的不同就是：恋爱双方的眼中看到的都是对方的优点，而且恋爱中的双方都在刻意掩饰着自己的某些缺点，把最好的一面向对方展示，就像孔雀开屏。而当步入了婚姻的殿堂，两个人开始共同的生活，便会把自己赤裸裸地展示在对方面前，如同孔雀合上屏之后显露出光秃秃的屁股，没有一只孔雀能够始终保持开屏的状态，人亦如是。

当初在选择一个人走进婚姻时，其实就像挑一个桶去装水一样。组成桶的每一块木板都是长短不同的，而每一块则代表了这个人身上所具有的特质，是他身上独有的标签，或是才气，或是容貌，或是性格，或是名利，抑或是社会地位等。

既然你选择了最长的这块板子，就要接受他一定有一个短板存在的现实。在今后的岁月中，你需要拿着这个高低不齐的桶，装满快乐和烦忧，走过漫长的婚姻生活。每当你劳累走不动时，总想要抱怨这块短板让你负重前行，那么就看看那块长板，想想它曾带给你的欢乐和欣喜，扪心自问，自己是否已经忘记了当初选择时的初心。

所以，当我们在婚姻中发现对方的缺点时，要学会包容。没有完美的婚姻，也没有完美的伴侣，我们之所以要继续爱着对方，是因为在长期的相处中，两个人之间有了比爱情更深厚的感情——相濡以沫的亲情。

　　一个新婚不久的女孩哭着跑回娘家，声泪俱下地向父母诉说着丈夫的种种不好和那些令她难以忍受的缺点。母亲对她百般劝解，她仍然无法接受，坚持要离婚。

　　这时，一直在一旁沉默的父亲拿出了一张白纸和一支碳素笔交给女儿，要求她每想到对方的一个缺点，就在白纸上画一个黑点。于是女儿就不停地在白纸上画黑点。等她画完了，父亲拿起白纸，问她看到了什么。女儿说："黑点啊，全是他那些令人无法容忍的缺点。"

　　父亲又问她："除了黑点之外还看到什么?"女儿回答说："除了黑点，什么也没有!"

　　父亲继续让她仔细看。女儿想了好久，才回答道："还看到白纸了。"

　　于是父亲问女儿："你丈夫有优点吗?"女儿迟疑了一下，终于点了点头。

　　父亲说："那你把他的优点和缺点都一一写下来，看看哪个多。"

　　突然，女儿破涕为笑，心平气和地回家去了，后来再也没有向父母抱怨过丈夫的缺点。

　　当我们看到这张纸时，相信绝大多数人看到的都是白纸上的黑点，而忽略了黑点旁边的白纸空间。在生活中，也因为我们只看到别人的缺点，才使自己过得不如意，甚至导致人际关系的紧张。

　　在爱情中，恋爱是一个寻觅与追求的过程。因为真的爱他，才会与他在一起，我们谁都不怀疑当初的真诚，无论是被他的外表、气质所吸引，还是折服于他的内涵与精神，总之当初的他是完美无缺的，即使有缺点，在你的眼中也是让人能够包容和喜欢的缺点。而一旦两人开始了平淡琐碎的家庭生活，就要全方位了解对方，所以说婚姻是一个学习与调适的过程。我们没有了恋爱中将对方完美化的心境，在自己心里，对方从云端降落到现实中，不再是童话中不食人间烟火的王子，而是身边晚上睡觉打呼噜的男人。这时再用恋爱的标准来要求婚姻，不可避免地会伤心失落，这就要求我们对婚姻有一个清醒的认识。

　　婚姻不是我们用来改变对方的工具，很多人总认为结婚之后，对方会为自己改掉坏习惯，按照自己要求的形象去生活。也许对方会为你做一时一地的改变，但无须多久，他就会变回老样子，毕竟，和你在一起之前的几十年，他的性格和习惯一直如此。 爱情是遇到一个能有优点被自己欣赏，并且欣赏自己优点的人；而婚姻则是包容一个有缺点，也能包容自己缺点的人。

　　人的心理复杂且多变，有时候觉得爱人一无是处，便心生抱怨："他怎么会有那么多的缺点，我当时怎么没有看到？"这也许只是一瞬间的想法，如果我们不能怀着一颗包容的心去面对这种想法，就会越来越觉得对方让自己无法忍受，就像一直盯着白纸上的黑点看，时间长了，眼中除了黑点什么都看不到，而且这些黑点还会被无限放大。 究其原因，是我们自己狭隘的心灵遮挡了我们发现白纸的视线。

　　在生活中，我们需要把爱人的好放在心中最为明显之处，告诉自己他的好才是最重要的。 毕竟，黑点再多，也不能把白纸布满，除了黑点以外，还有很大的空间留给两个人去生活。 从心理学的角度看，长久的自欺就会成为内心的真实。如果我们看到的全是缺点，那么对方的优点也会在自己眼中慢慢演化为缺点；如果我们怀着包容的心态去忽视对方的缺点，等到蓦然回首，才发现对方的缺点竟然活成了优点。

琐碎生活，学会智慧经营

还没做饭哪？

我还没做饭，同样都在工作，都在养家，凭什么我回家就得马上做饭！

生活中有多少夫妻每天都在上演着这样的桥段，不是因为问话不妥，就是因为语气不对，反正总有吵架的理由，总觉得对方有话不会好好说。

我就随口问一句，你至于吗？真是不可理喻。

你才是不可理喻，天天要不就不说话，一说话就夹枪带棒，让人堵心。

老婆，今天回来得挺早，咱们晚上吃什么？

我刚看冰箱里还有春笋、黄瓜和荷兰豆，炒两个素菜怎么样？

语言虽然无影无形，但其力量却格外惊人。夫妻间要好好说话的原因，不是为了得到什么，而是为了不失去自己所在意的人。

行啊，晚上吃点清淡的好，我下楼去买点豆制品吧？

好！那我再做个你爱喝的春笋汤，1小时就能开饭！

　　其实，所谓的优点与缺点，很大程度上不过是一个极为笼统的判断，每个事物都存在两面性，没有绝对的好坏之分。此一时彼一时，心境与心态不同，所看到的事物状态也会不同。我们如果能不执着于黑点，而看到黑点后的白纸，婚姻的境界就会变得豁然开朗。很多时候，改变是一念之间的事，只要你肯将自己的目光稍稍挪动一下，就会得到有缺点，但依旧快乐的幸福人生。

幸福从好好说话开始

说话是一门艺术，有话要好好说，这是每个人都明白的道理，很多人在工作、交友、应酬中，都能很好地把握和拿捏说话的分寸与尺度。但对于家庭，这个最需要我们用心去维护、用话去温暖的地方却很自然地被忽略不计了。不仅如此，有时还会让我们的家庭生活走进一个怪圈，越陌生，越彬彬有礼；越亲密，越无所顾忌，更有甚者还会让家沦为发泄个人情绪的垃圾站，各种语言暴力日复一日地在家里随意堆积。人们总是自信地认为家人不会真的责怪你，更不会跟你斤斤计较，正是因为有了这份底气，才让我们一次又一次用语言的刀子捅向自己的家人。在外宽以待人，在家苛刻冷漠，这样的行事作风会让家人感到寒心。

正如老话所说："良言一句三冬暖，恶语伤人六月寒。"任何柔软的东西放进冰箱，都会变得坚硬。被寒透了的心，也是如此。不要天真地认为，硬起心肠后就会伤害到负心的人，即便如此，在伤害他人之前，最先刺穿的是自己的身体。

在我们的日常夫妻生活中，很多时候，两个人会为了完成表达自我想法的目的，忽略对方的感受和需要，意识到不妥后，又常常自以是地以"爱的名义"为借口，来逃脱心理上的不安和自责，却从未从自身角度进行过剖析，是否自己的言行给对方造成心理上的伤害。

　　丈夫加班，很晚才到家。他一进门便闻到满屋刚被打扫过的清新味道，他面无表情地看了一眼一尘不染的地板和阳台上晾晒好的衣服，不仅一句暖心的话都没说，还突然皱起眉头，没头没脑地问了句："又没给花浇水吧？"

　　妻子还没来得及回复，他马上叹了口气："你怎么总不想着给花浇水呢？上次买的花就生生变成了干花，这么小的事情为什么总要等着我催才去做，你就不能主动一次吗？"

　　话音刚落，他发现了热腾腾的饭菜、亮闪闪的烛台，还有一个漂亮的奶油蛋糕，上面画着一颗红心，写着"老公辛苦了"。

　　他立刻意识到刚刚无缘无故说的那些话很是伤人，但却已如泼出去的水一般，没办法收回了；而妻子给他开门时的笑容，也在此刻消失得无影无踪，好好的一顿烛光晚餐，因为不好好说话，让原本温馨的氛围瞬间凝固在那几句没影儿的自说自话上。

　　也许从那一刻起，妻子以后再也没有制造惊喜的心情了，那些期待和想象都随着几句不该说的埋怨化为乌有。

　　一个生活中常见的小场景，真实地反映出我们平时面对至亲的人说话时是多么肆无忌惮，嘴比脑子快的说话习惯如果不加以改变，一定会成为伤人的利刃。据统计，在 100 对婚姻存在矛盾和隔阂的家庭中，矛盾占比例最多的就是，夫妻之间不会好好说话，甚至是不会主动沟通。

人是一种奇怪的动物，对外人总能如春天般的温暖，对家人却如冬天般的冷酷，也许是笃定他们不会离开自己，而就此丧失了好好说话的功能。在中国大多数家庭关系中，几乎都存在这样的问题，他们在麻木的婚姻关系中，丝毫没有体察到向亲人发脾气这样愚蠢和懦弱的行为有任何不妥。直至真正有一天，打破彼此耐心的往往真的是一件微不足道的事，比如不好好说话，而让感情彻底破裂到无法修复的程度。

文丽已过了四十不惑的年纪，结婚也快 20 年了，近两年在面对和丈夫之间不冷不热的关系时，她一直深感疲惫和焦虑。很多时候，她和丈夫两个人忙碌一天回到家，都想向对方说一些暖心的话语，以缓解工作上带来的压力，但不知为何，话一出口，就变成了伤害。

晚上，丈夫推门进家，随口说了一句："还没做饭哪？"文丽顿时就会火冒三丈，没好气地说："我还没做饭，同样都在工作，都在养家，凭什么我回家就得马上做饭，你不知道体贴我就算了，还总这么阴阳怪气地说话。"老公一听也不高兴了："你说你这是干什么，我就随口问一句，你至于吗？真是不可理喻。"

一场言语之争就此拉开序幕，这样的桥段似乎每天都在上演，不是因为问话不妥，就是因为语气不对，总有吵架的理由，总觉得对方有话不会好好说。甚至有时本是一件可以增进夫妻间感情的好事，却也因为不懂得说话的方式方法，而闹得一方扬长而去。

今年情人节，文丽的丈夫也觉得两个人的正常沟通越来越困难，别的夫妻都能平心静气地有事儿说事儿，他俩一张嘴就像华山论剑，夹枪带棒，泥中隐刺的，长此以往必定会伤人伤己，影响感情。丈夫便特意提前下班给妻子买了99朵玫瑰，外加一条她心仪已久的手链，想着回家给她一个惊喜，然后两个人再一起出去吃一顿她最爱的日本料理，把以前的不愉快都推心置腹地聊一聊，那些小摩擦也就都烟消云散了。文丽回家之后，看到一大束娇艳欲滴的玫瑰，第一感觉就是不正常，但心里还是禁不住涌出了久违的幸福感。本来想说些感谢的话，谁知一出口却变成了："哟，今天太阳从西边出来了，这么多年，你这是良心发现，还是做了什么亏心事，是不是心里觉得过意不去，想要给我点补偿啊？"

丈夫本来满心欢喜地等着文丽回家看到礼物，能发自内心地跟他说一些软言细语，没想到听到的依然是话中带刺的挑衅，顿时脸气得发青，摔门而去。文丽看着桌上的玫瑰和手链后悔不已……

语言虽然无影无形，但其力量却格外惊人。一句话可以让冰冷的心重新燃起希望，也可以让炽热的心瞬间坠入冰窟。在婚姻中，好好说话不仅可以给另一半温暖，还能给他以精神上的支撑。只是现在太多人在面对爱人时却选择使用冷漠的语言进行对话，这是一种暴力的选择，是一种在无形中让人遍体鳞伤的决绝方式。它的力量足以摧毁一个人的身心，并把一段婚姻在无声无息中杀死，而且不留痕迹。

冷不丁一句令人绝望的话语，会让伴侣在婚姻中看不到希望和未来，而且最令人恐惧的莫过于在这样的氛围里消磨掉之前对生活的所有期待，让人看不到前行的道路。 我们有理由相信，有多少不会好好说话的夫妻，就会有多少婚姻死于语言暴力。

世上没有任何关系可以无坚不摧，坚固的关系需要用心去经营，而经营的根本就是好好说话。 毕竟，我们好好说话的原因，不是为了得到什么，而是为了不失去自己所在意的人。千万不要因为自己不会说话在有意无意间伤害到最亲密的人，好好说话是让彼此感情更加亲密最简单，却又最行之有效的方法。 与另一半相处，最好的陪伴就是好好说话。

还有一对人见人夸的"模范夫妻"，结婚十几年还能亲密无间。丈夫在家里最喜欢干的事情就是下厨做饭，看着妻子吃得狼吞虎咽的样子，他的成就感油然而生。

其实在他们刚结婚的时候，丈夫并不爱做饭，也从不主动做家务。而妻子天生生得一张巧嘴，面对这种情况，她并没有埋怨，也没有指责，而是在做饭时，让老公一起参与进来。只要是老公干的活，哪怕是帮忙打下手完成的一道菜，妻子都会一脸崇拜地说："老公你太棒了，幸亏你让我加了那味调料，比我之前炒出来的味道好吃多了，真是色香味俱佳，你天生是个美食家！"丈夫听了后自信心和优越感瞬间满格，至于那道菜是不是真的像妻子说的那么好吃，已经不重要了。

在接下来的日子里，只要丈夫有时间就会主动要求和妻子一起做饭，自己还会偷学妻子的手艺，之后再加以改良，现在他的厨艺已经远远超过了妻子，还自创了很多独门秘籍。赶上周末和节假日，两个人会邀请朋友来家中小聚，大厨自然非丈夫莫属，每当朋友们把一桌子美味佳肴如风卷残云一般消灭得干干净净时，他的脸上便绽放出喜人的笑容。

他因为对妻子、对家庭的那份用心，被大家封为"模范丈夫"。朋友们经常会问妻子："你是怎么把老公调教得这么可人疼的？"妻子笑了笑："很简单，就是好好说话，谁都爱听顺耳的话，一句好话就能让自己心想事成，为什么不去说呢！"

在心理学中，有一个名词为"皮格马利翁效应"，即：赞美、信任和期待，具有一种正能量，它可以改变人的行为。当一个人获得另一个人的赞美时，他便感觉得到了社会的支持，从而增强了自我价值，变得自信、自尊，获得一种积极向上的动力，并尽力达到对方的期待。正像上文中聪明的妻子与丈夫的相处之道，只有这种发自内心的真诚欣赏和热情肯定，才能真正给到对方爱和动力。这是一种无缘无故、不带任何功利性的爱，但却像是生命中最亮的一盏烛光，当他被困难、黑暗、消极和绝望包围的时候，这盏烛光、那些话语都会变得格外明亮和温暖。

夫妻之间，所有的事情都需要共同承担与面对，正所谓有福同享，有难同当，夫妻同心，其利断金，理解永远比抱怨更加重要，也更加有效。　特别是语言，它在表达情感时会显得微不足道，而在表达愤怒时却可以异常锋利。　我们一定要懂得，能使夫妻感情持久的原因从来不是恶言恶语，而是温柔相待。　其实两个人在一起生活，无非就是你哄我，我哄你，好好说话，认真倾听，冷静但不冷漠，温和但不懦弱，坚定但不强硬，这样才能让舒心的幸福感无处不在。　幸福的家庭，需要好好地对待爱你和你爱的人，因为有爱，我们才要学会说好每一句话。

亲密有间的幸福感

　　在男女亲密关系中，总会有一些情侣在一起非常难受，离开了又痛不欲生，甚至有一部分人不断地被打击、伤害，却仍然离不开那个让自己如生活在地狱般的人，这种情况看起来似乎不可理喻，实际上这是一种亲密关系的共生，而共生从另一个角度来看，对双方又无疑是一种绞杀。

　　共生包含着合则生、分则死的极端逻辑，放到婚姻里，源自中国人难以承受的孤独，到了年龄必须要结婚，大家庭总想着和小家庭无限地搅拌在一起，分离是一件极为可怕的事情，正如古语所说："宁毁十座庙，不毁一桩婚。"因为双方的心理状态都像处于婴儿阶段，不具备独活的能力，无论从生理上，还是心理上离开对方就活不下去，必须要时时刻刻保持着"亲密无间"的状态。这样的一群人虽然表面上看起来是成人的身体，骨子里却配备着一个婴儿的灵魂。以下场景在我们日常生活中经常会遇到：

　　　　南方的妻子喜欢吃米饭，北方的丈夫喜欢吃面，这样的喜好无可厚非，正所谓一方水土养一方人。但对于"巨婴"一族来说，却变成一件考验你我爱情的"生死大事"，你的选择代表着你对我的感情深浅和在乎程度，如果爱我，必须跟我融为一体，放弃吃面，一起吃米饭，如果说"不"，就是不爱我，在你我的爱情里不能有丝毫的不一致，否则就是貌不合，神必离。

这种爱，是一种巨婴式的全能自恋，我是彼此感情世界的中心点，对方的一举一动、一言一行理所应当地围绕着我。完全沉溺于自我的一方自然不会懂得，这样无他的全能自恋最终的结局只有一个，就是将热恋时的感情积淀一点点消磨殆尽，直至消亡。

热恋时，双方都会互表衷心，如胶似漆，甚至会想着把彼此打破，加上水，和上泥，和在一起，重塑一个我，重塑一个你，从此你泥中有我，我泥中有你，双方彻底融合为一个。这种理想中的全能式自恋在此时此地很容易实现，两个人都愿意为了对方牺牲自己的兴趣、爱好，而互相迎合。但时间一长，走进婚姻，本就是两个完全不同的个体，终究还是要回归自我。这种合二为一，你就是我，我就是你的共生现象只是一种短暂的存在，维系日后长久生活的是有弹性的有心牵连，也就是我吃米饭的时候，想着给你做一碗面，而你吃面的时候，依然记着我喜欢吃米饭。

这样相对的理想状态，对于具有不成熟人格的巨婴而言，却无法做到，他们一心想要永远与对方"亲密无间"的共生。但是，没有任何一个人愿意心甘情愿地成为对方的附属，无论是谁，与他人的共生都是阶段性的，而且是短暂的，想要成为独一无二的自己才是永久的本能。

真正成熟的爱，需要给彼此留一点自由和喘息的空间，把握好夫妻间的距离之道，最大范围内允许对方做自己。 对方越能做自己，人格会愈加成熟，婚姻才会更加稳固。 越是亲密的关系，越需要生活上的缓冲空间。 在这一点上，我们不妨看一看散发着淡淡奶茶香气的刘若英所理解的生活。

　　我家现在是这样的：一进门，我先生往右走，我往左，我们共同的空间是中间交会的厨房与餐厅，他在他的空间做事、说话，我是完全听不到的，反之亦然。

　　你会说，这样跟一个人在家的状况一样吗？知道他在同一个家的另一个角落，其实心理上的感受还是不太一样。

　　我刻意将两个人的书房安置在家里最远的对角线。一个人自己住二十几年，有很多事情都是我自己慢慢完成，对我而言，拥有各自独处的空间，可以让相处走得更长久。事实证明，我们对这样的安排感到非常舒服。

这样的相处模式还会让人不自觉地想到杨绛和钱锺书，虽然在同一屋檐下，但是彼此做着各自的事情且互不打扰，彼此默然，却是最好的相处之道。

其实不管是爱情，还是婚姻，我们都需要首先做好自己，给自己足够的爱和独立空间，拥有一个独立的人格才配得上一份幸福的、能走下去的婚姻，而不是苦思冥想如何成为对方的另一半，或如何将热恋时的海誓山盟一一变成现实。

在还没有恋爱或刚开始恋爱的时候，我们对亲密关系的发展几乎有着无限的憧憬，对于未来的幸福和甜蜜都有很高的期许。 但实际上心中所期盼的亲密关系与我们想象中快乐无忧的田园式婚姻相去甚远。 两个人在恋爱时的那种亲密无间是短暂的激情，纵然美好，但如果任其肆意，甚至畸形地发展下去，或者强行使对方与自己融为一体，就会有变成"巨婴"的可能与危险，最后使爱与关心彻底沦为束缚与捆绑。

刘若英在婚前，非常享受一个人独处的状态，而在婚后仍然尝试着在两人的关系中找到纯粹的自我，彼此之间保持一定的安全距离，这段距离不是漠不关心，也不是渐行渐远，而是相互之间知道，如果真有需要，对方会随时随地、义无反顾地给予支持，这是两个互相信任的人相处之道的极致表现。

人们总认为孤独与寂寞是同义词，基本上可以画等号。其实，孤独与寂寞完全不同，寂寞是一种负面情绪，而孤独是一种独处的状态，主动给自己一段独处的时光，给对方一定的空间和距离，反而会收到意想不到的效果与甜蜜，但其前提是彼此信任关心、尊重理解。 如果总是心怀芥蒂，胡乱闯入对方的私人空间，很有可能会酿成一失足成千古恨的惨烈结局。

19 世纪匈牙利作家克斯法劳德的一本著名小说《看不见的创伤》，写道书中的男主人公非常爱自己的妻子，但当他发现妻子那个总是上了锁的抽屉里，竟然放着一叠言语露骨的情书时，他误认为是别的男人写给妻子的，断定妻子与其私通。一怒之下当晚就把"不贞"的妻子掐死了。事隔不久，一位尚不知情的伯爵夫人向他索还存放在他妻子那里的情书时，他悔恨交加，痛不欲生，却为时已晚。

　　这虽然只是一个虚构的故事，但在现实生活中类似的事情却并不鲜见。 小说中的男主人公这一生都将生活在无尽的追悔之中，究其原因就是太过探寻妻子的私人空间，将自己变成了无骨的藤蔓，想随时随地与妻子共生，却一不小心拴死了妻子的性命。

　　爱需要有适当的"距离"，但不要有"疏离"；关系需要有"界限"，但不要有"局限"。 即使是再亲密无间的夫妻，也是独立的两个人。 在生活和情感上既有属于自己的部分，也有属于两个人共同的部分，这两部分需要共识与平衡。 保持适当的距离是一门相处艺术，好的关系就是"有点黏，但不太黏"。 在各种关系里，我们需要不断地保持着平衡，把握亲密与距离。 不仅要了解自己的情绪、需要，以及私人空间，也要了解对方同样的需求。 夫妻之间要给彼此留出宽松的环境，以保持各自的风格和个性，保留各自心中的一块自由天地。 桎梏和约束、占有和苛责，只会加速家庭的"沦陷"。

　　有这样一则寓言：在寒冷的冬天里，两只刺猬要相依取暖，一开始由于彼此之间距离靠得太近，各自身上的刺将对方刺得鲜血淋漓。 后来它们调整了姿势，相互之间拉开了适当的距离，不但能够取暖，还能很好地保护对方。

　　我们在每一段亲密关系中都蕴藏着无限的可能性，夫妻间的相处就像两只相互取暖的刺猬，太近会彼此刺伤，太远又无法温暖，只有适度的距离才能和谐共处，才是舒适和暖心的最佳状态。

　　台湾女作家三毛曾经说过："我的心有很多房间，荷西也只是进来坐一坐。"女人要有自己的生活圈子，把"身家性命"都腻在老公身上，实在不是明智之举。 现实中有一些女人为了彰显自己如何爱老公，便和自己所有的朋友都断绝了来往，这样做只会让你的生活圈子越走越窄，越来越被动，结果必将是彻底失去自我，一旦生活中出现任何风吹草动，自己就会像裸奔一般暴露在世人面前，对事情的发展没有丝毫掌控权，更别提把握好婚姻的距离与尺度了。

如果条件允许，不妨像刘若英一样，在双方共同生活的环境中设置一些属于两人各自的空间，比如各自的书桌、各自的电脑，你看你的书，我上我的网。 在两个人产生摩擦时，其中一方可以悄悄走开，去那个可以一个人安静地喝茶、看书、静心的角落，给彼此留出调整情绪的空间，把一场即将爆发的战争悄无声息地消灭在萌芽状态。

我们应该明白，亲密有间，才会让爱人永远在你身边，却又永远不会妨碍你成为最好的自己，也只有亲密有间，才能成为夫妻之间最长情的陪伴。

不堪重负请清零

我们一定都有在过年之前大扫除的经历，当打开储物间时，看着堆积如山的东西和衣服，便会懊悔自己为什么事先不花一些时间和精力去整理，淘汰一些不再需要的物品，或者在购买之前考虑清楚它是否真的有用，这样就不会在收拾的当天累得筋疲力尽，也不会造成过多的盲目消费。

大扫除的懊恼经历，会让我们明白一个道理：人一定要随时清理和淘汰不必要的东西，日后才不会担负沉重的担子。生活如此，婚姻亦是。在我们边边角角的记忆中掩藏着太多不为人知的细节，有废旧的经历、过期的怨恨、平日的争吵、彼此的不满。在某些时候，这些陈旧的记忆又被翻出来作为攻击伴侣的武器，争吵结束后再将新的挫折与苦闷收藏入库，循环往复，负重前行，长此以往只会让我们疲惫不堪，增加怨怼，终有一天会压垮沉重的婚姻。

我们要学会定期为婚姻"清零"，这样的清零，如同一次心灵的大扫除，将曾经的积怨、压抑的情绪、过度的欲望都尽最大努力从自己的记忆中"清除"，把自己重新"清理"一遍，"荡涤"一遍，以空杯心态面对未来的每一天。

唐末五代时期，群雄逐鹿，硝烟四起。闽王王审知为了收买人心，祈求江山永固，同时也为了忏悔滥杀无辜的恶业，开始笃信佛教，并先后拜请雪峰义存、鼓山神晏、武夷扣冰等诸大禅师出任国师，为其开示佛法，指点迷津。

一天，闽王在福州拜见扣冰古佛，叩请治国方略。

无论闽王怎样好言讨巧，扣冰古佛一直保持沉默，只顾喝茶。

尽管闽王不爱喝茶，扣冰古佛仍然不时地往闽王的杯子里加茶。眼看着闽王的杯子里茶水溢出，扣冰古佛还是一味地往里续茶。

闽王看见茶水流满了桌面，一脸诧异，便问道："师父，杯子已经满了，为什么还要加水呢？"

扣冰古佛依然沉默，继续为他倒茶。闽王似有所悟，便把杯子里的茶一口饮尽。

扣冰古佛一边把闽王的茶杯满上，一边问："你会喝茶吗？"

闽王回答说："不会。"

扣冰古佛说："那就先学喝茶吧。"

闽王纳闷地问道："喝茶还要学吗？"

扣冰古佛说："你的心就像这个杯子一样，已经装得满满当当的了，不把茶喝掉，不把杯子倒空，如何装得下别的东西呢？"

闽王听了，恍然大悟，终于明白了此中禅意。从此开始研习茶道，并从喝茶中悟得治国之道。

　　这就是空杯心态，也是清零心态，只有空的杯子才可以装水，只有空的房子才可以住人，只有空谷才可以传声，每一种容器的利用价值在于它的空。 空是一种度量和胸怀，空是有的可能和前提，空是有的最初因缘，因此，佛经里常有"一空万有""真空妙有"之说。 可见，空是人生的最高境界。 婚姻生活亦是如此，只有空杯以对，将过去的不愉快随时清零，才能重新装下今日的欢喜和感动。

　　如果说婚姻是一场我们都逃不掉的桎梏，那么不要让日复一日的繁杂和琐碎全部堆积在婚姻这个大容器中，也不要压在彼此身上，把婚姻生活中无意义的记忆和负重清零、倒掉，让夫妻关系畅通地流动起来，那么原本的桎梏就会化为乌有，生活也会随之清爽通透起来。

　　如果你去问一位年轻的小伙子，希望自己未来的妻子是哪种类型，他一定会说：天生丽质，婀娜多姿。 如果你去问一位年已不惑的中年人，最希望自己的妻子如何，他肯定底气十足地说：勤劳善良，持家有度。 但如果你去问一位耄耋老人，最希望自己的妻子怎么样，他会不紧不慢地说：身体健康，活着就好。 不难看出，随着年龄的增长，人们对自己所爱之人的希望也是越来越少，越来越现实。 但正是这看似平常且极少的要求中，真正蕴含着生命中最上乘的质量。

　　我的一位老领导，在他们的金婚典礼上，主持人问他们恩爱 50 年的秘诀。

　　老领导风趣地说："可能是因为自己记性不大好，刚吵过架，说不再理她，结果没过一会儿，遇到一点小事，又开始习惯性地'老婆子、老婆子'喊了起来。"

夫人在一旁笑着说："是的，年轻的时候，工作忙，事情多，也没有老人帮忙带孩子，常常是刚吵了几句嘴，就被琐碎的生活支使得团团转，这一转吧，就忘了刚才到底是因为什么而吵架了。之后，年纪越来越大，那些让人不高兴的事情就更是不往脑子里装了，有不好听的话，左耳进，右耳就出了，有时候也听不进去了，因为听力也大不如从前，好多话不仔细听都听不清了。"

台下参加庆典的人听着两位老人的自我调侃哄堂大笑。

夫人接着说道："现在我觉得，老伴就像手边的遥控器，按一下，就跳出自己最喜欢看的节目；就像拿起最喜欢穿的旧衣服，舒舒服服、暖暖和和；就像走进熟悉的小区、楼层，一切都是那么自然而然，顺心顺意。"

大家听到这都沉默了，年轻人还沉浸在荷尔蒙飞扬的热恋期，无法理解其中深意；中年人尚在庸常的生活夹缝中挣扎，其中有些人貌似醍醐灌顶一般若有所思；还有一些迟暮之年的老人，一边听一边频频点头。

记性差和耳力不好从某个角度来看也是一个优点，因为很多琐事和恩怨都可以迅速清零，这样是对婚姻的一次清洗，把污垢和灰尘扫清，就会增加婚姻的亮度和质感。同时你会发现，身边陪伴你的人，不再是那个对你百般挑剔或冷漠以对的怨偶，而是恢复了往日风采的亲密爱人，看到他/她就会想起你们年少时的幸福，以及对将来的期待。

　　我们的生命仿佛一场旅行，背负的东西越少，越便于自己发挥出最大的潜能与优势。因此，如果想在旅途中轻松上阵，需要列出一份清单，适当取舍背包里的物品，才能助你轻松到达目的地。另外，在每一次停下来补给时，也要随时清理自己的行囊，哪些该舍弃，哪些该保留，做出明确的判断，把更多的位置空出来，不仅能够让自己轻松起来，也能随时装入更为重要的东西，这不仅是一种战略，更是对自己的一种善待。

第四章

面对矛盾，需化解于无形

有毒的冷暴力

冷暴力是婚姻中的慢性毒药，可以悄无声息地让婚姻走向死亡，更令人担忧的是大多数夫妻经常会使用，或被动开启这种有毒的模式来应对婚姻中出现的各种问题。长此以往，内心的积怨越来越多，总有一天会连本带利地彻底爆发出来，使婚姻生活变得狼狈不堪。

冷暴力的最可怕之处在于它可以让人的肉体毫发无损，却能够使你的心灵千疮百孔，旁人难以直接觉察，只有当事人自己了解这种被打入冷宫般的苦痛，它所造成的婚内压力远比武力更令人恐惧。冷暴力持续时间一般较长，这使受虐方长期处于压抑、惊恐、焦虑的状态中，很多人因此出现抑郁或自杀的倾向。置身其中的男女，身心会受到严重损害，长期的压抑无处宣泄，不仅会降低自己的生命质量，也会拉低整个家庭其他成员的生命质量。

冷暴力近年来在家庭暴力中呈现出不断增长的趋势，尤其在一些高知、高收入家庭中更为普遍，成为一种隐性的精神暴力形式。它的施虐方在外人眼中往往属于踏实稳重、知性睿智的自带光环一族，只是谁又能看出在他们近乎完美的外表之下，隐藏着一个极易冰冻的灵魂。

在人们印象中，张涵是一个软硬件俱佳的男人——在顶尖咨询公司工作，工作体面收入高，为人温和谦逊，德才兼备，在公司有口皆碑，关键是这样的好男人对太太还言听计从。

但是张涵的太太则完全与之相反，是一个令人望而生畏的"悍妇"，认识他们夫妻的人都说张涵是典型的"妻管严"。张涵太太身材臃肿，常年一副扑克脸让她看上去既冷漠又凶悍，家里家外经常"河东狮吼"。很多人私下都觉得张涵对家庭过于忍辱负重、委曲求全，甚至有人预言如果张涵找个第三者，做了陈世美，大家只会为他的决策鼓掌叫好，绝不会替他太太叫屈喊冤。

据说张涵和太太是大学同学，年轻时的张太太天生丽质、明眸皓齿，是系里的五朵金花之一。婚后却变得不修边幅，越来越邋遢，亭亭玉立的身材完全走了样，且一发而不可收拾，随着身材一起无限"成长"的还有见火就着的脾气。张太太的变化让外人觉得匪夷所思，守着一个唯命是从的高配男，放飞自我到如此程度，真是身在福中不知福。

咨询公司竞争激烈，工作压力大，身为管理层的张涵免不了要经常出差、加班，每每遇到此类情况，太太的"追命"电话便一个接一个，大家只听见电话这头的张涵"嗯嗯嗯"地应承着，面对太太的逼问，也是敷衍地对着电话回几句，手头还在不停地忙着工作，不久之后电话那头的声音就像被按了免提一般越来越大，大家互看一眼，心照不宣，张太太又隔空"开战"了。

　　张涵在工作上积极主动，面对出差、加班总是一马当先，除了爱岗敬业之外，不想回家面对咄咄逼人的太太可能也是原因之一。偶尔和同事们在一起聚会，酒后聊起家里那位强势的女汉子也是垂头丧气，欲言又止。朋友们都了解张太太的蛮横作风，张涵晚上绝对不能太晚回家，否则会连带着朋友一起遭殃，嘴下毫不留情，骂得天昏地暗。张涵更不能不经过她的同意随便带朋友到家里玩，一旦这种事情发生，就如同触碰到太太最敏感的神经，那脸色够十八个人看半个月的。面对张太太的"斑斑劣迹"，有些和张涵走得近的哥们儿甚至悄悄暗示他离婚算了。

　　然而，让所有人大跌眼镜的是：张涵还没有提出离婚，那位"不知惜福"的太太竟然要求离婚。理由很简单，性格不合。

　　据说，张涵还痛苦挣扎过一段时间，不过太太铁了心要离婚，没有一点回旋的余地。周围的人都鼓动张涵：以你的条件绝对能找一个比她条件好的，她现在不知天高地厚地离开了你，以后打着灯笼也找不到比你对她好的人了，到那时她哭都没地方哭去。

　　看太太对离婚的态度如此决绝，完全没有回心转意的可能，再加上周围人的劝说，张涵也想通了，不久两个人办理了协议离婚。因为没有孩子的牵扯，婚后财产分割明确，手续很快就办妥了。

　　自从张涵恢复了自由之身，朋友们就开始为他撮合下一段姻缘。他一表人才，收入可观，面对这样的钻石王老五，前来相亲的美女络绎不绝。不到一年，张涵就和一个叫小谭的姑娘走到了一起。小谭比张涵小八岁，美丽文静，最重要的是她对张涵充满了崇拜。和小谭在一起的日子，张涵那份久违的"优越感"慢慢地回归了，他在小谭面前出口成章、侃侃而谈，每次看到小谭眼中的崇拜，用心的倾听，张涵恨不得把自己所有的"人生经验"一一道出。

很快，两个情投意合的人走进了婚姻的殿堂。

张涵前妻离婚后不久也再婚了，据传，对方是一个性格豪爽、脾气火爆的人。性格完全不互补的两个人在一起会产生怎样的效应？就算不是火星撞地球，肯定也会三天一小吵，五天一大吵，听邻居说两个人经常吵得乌烟瘴气，吵急了甚至会动武。

故事讲到这里看似已经圆满结束了，这个结局让大家拍手称快——好男人和有情人终成眷属，彪悍女和暴躁男悲惨度日。

但生活不是童话故事，事实的真相终会浮出水面，只是时间的长短而已。三年后，有人又见到了张涵的前妻，说她简直脱胎换骨，不仅恢复了曾经的苗条身材，穿着打扮也变得讲究得体，虽然已步入中年，却有了成熟女人独具的优雅与从容，一眼就能看出年轻时的美丽。她和现在的丈夫手牵着手，谈笑风生，特别甜蜜。有他前妻朋友圈的人也说，她和现在这个丈夫特别爱旅游，两个人只要有时间就会到世界各地去旅行。婚后经常吵架那段日子应该是开始的磨合期，现在明显已经平安顺利地度过了磨合阶段，开始享受着半路夫妻也香甜的幸福生活。

而张涵的婚姻是否得偿所愿呢？很不幸，小谭婚后渐渐变成了他前妻的模样，婚前的温柔恬静不仅消失得无影无踪，还经常抱怨数落张涵，每天电话实时追踪他的行迹。小谭对自己也不再有任何追求，完整而彻底地复制了张涵前妻的状态。婚前本是一个十分有情调的人，也许是婚后受到张涵的影响，现在只关注理财、股票，曾经的灵气渐渐消失殆尽，取而代之的是怨气横生。

有人会觉得张涵点儿真背——老实男人一路遇到悍妇，还有人觉得小谭太会装，婚前温柔如水，婚后彪悍如虎。

但是，问题真的出在张涵前妻和小谭的身上吗？

在婚姻生活中有一种人，他们依靠自己伤人于无形的强大功力，能硬生生地将对方逼出内伤，逼成"恶人"，而自己却一脸无辜地继续充当着外人眼中的"受害者"。更让人无可奈何的是，其中很多人对自己一手造成的这一幕幕悲剧却并不自知，而张涵恰恰就是这种令人同情的"受害者"。

每一次吵架或发生矛盾，张涵的第一反应就是逃，用他自己的话说，"和女人有什么好吵的"或者"我说不过她当然只有闭嘴"。听起来似乎有些道理，还显得他很大度，不斤斤计较，但细细品味就会明白，这些回应都是他为逃避责任而找的借口。

小谭曾经也向朋友委屈地抱怨，结婚前的两个人每天有说不完的情话，诉不完的衷肠，张涵还耐心地向她传授各种工作秘籍和与同事的相处之道，结婚后却变成锯了嘴的葫芦，一声不吭。小谭为了和他有共同语言，还专门报班学习理财，一份真心换来的结果就是，张涵和他那些狐朋狗友聊得不亦乐乎，和小谭在一起便无话可说。家里的大事小情全靠小谭一个人忙里忙外，他就是一个油瓶子倒了都不扶的甩手掌柜，每次征求他的意见，就只有轻描淡写一句话，"随你便""无所谓"，就连平时吵架都像只有小谭一个人在唱独角戏。这样的折磨让曾经活色生香的小谭日渐枯萎。

表面上看起来"人畜无害"的精英级人物张涵，用他的高段位冷暴力之毒，让前妻和小谭无一幸免都痛苦中招。他的冷漠和逃避吞噬了她们曾有的快乐，好在前妻已经离开了他，而小谭如果不采取办法，任由这种情况再进一步发展下去，很可能会吞噬她的身心健康。

之所以张涵的婚姻会反复出现这样的问题，完全是由于他婚前和婚后表现出的极大反差，恋爱时口若悬河、热情洋溢，和曾经的前妻，以及现在的小谭都能很好地去沟通，积极、主动、正能量。婚后的他却突然变成了漠然的丈夫，面对冲突不断逃避，让对方总找不到与他的"连接"信号，得不到回应的太太只能一而再再而三地寻求沟通，却屡战屡败，最终彻底激发起她的斗志，将对话变成了吵架，她的咄咄逼人只是想得到一个回应而已。对于张涵这样冷暴力的毒，她紧张、害怕，甚至有些恐惧，唯一能做的就是以暴制暴，用自己的愤怒压过丈夫的冷漠。 在不知情的外人看来，妻子成为婚姻不幸的万恶之源，殊不知，她这样的过激反应，不过是一次次被冷暴力挫败后的焦虑反应。

我们每个人都是带着原生家庭的烙印走进一段婚姻的，在最初几年，夫妻双方不可能达到完全默契，没有分歧，偶尔的意见不合或无伤大雅的争执都属正常，这样的冲突更像两个原生家庭的磨合。 妥善处理好这些小摩擦不仅能增进夫妻间的了解，更能深入对方的内心。 但如果彼此长期采取一有冲突就逃离，或干脆置之不理、不闻不问的消极方式，便已经超出正常的冲突范围，成为家庭冷暴力。 夫妻间有了矛盾或误解，正视它比回避它更具实际意义，只有彼此体谅、互相宽容、坦诚沟通才是化解冷暴力的可取方法。 正像冷暴力所带来的深入骨髓之痛非一日之寒，我们理想中心心相印、举案齐眉的爱情和婚姻也非一日之暖，它需要双方共同的努力和经营才能获得。

《傲骨贤妻》中有句很经典的台词：婚姻的最大魅力在于探索两个没有血缘关系的人，究竟能达成多深的沟通。 总要经过时间的洗礼，两个人才会开始懂得，真正的爱，不会因为体形的改变而变淡，更不会因为岁月的流逝而消散。

不责备中的侠肝义胆

大道之行，不责于人。处于劣势时，不责怪他人很容易做到，但在占尽优势时，不轻易指责他人，才是深入到骨子里的善良。我们对待外人尚且需要这样的气度，何况是面对婚姻中最亲密的伴侣呢？当对方犯错时，不要只顾着责备与苛责，而是要顾及对方的感受，然后跟他站在同一立场，共同面对问题。因为责备之言一出口，就有了是非对错，将两个人瞬间拉到对立面，互助互爱的感觉会立即消失。

婚姻生活中失去或损失了什么，如果只是一味地呵斥、责备对方，那么这样失去的，可能不仅仅是刚刚所失去的那部分，也许会有更多的失去在等着你。其实，这种事后的责备对解决问题不仅没有丝毫益处，还更容易激化矛盾。而且很多婚姻关系，往往就在某人被责备的瞬间轰然倒塌。

心理学著作《错不在我》里说道："绝大多数夫妻离婚，都是长期的累积所致，这样的夫妻都以滚雪球的方式责备对方并为自己辩护。夫妻双方总是盯着对方的差错，对自己的缺点、态度和行为方式则极力辩护。这样做恰恰会导致另一方固执己见，甚至寸步不让。"

婚姻中的很多夫妻在互相责备中将原本的齐心协力变成了针锋相对，问题没得到解决，彼此间却生起了隔阂。其实，犯错的一方在此时最需要对方的理解和包容，如果对方能够及时安慰和谅解，则会使得双方都能很快地投入到一种积极的情绪里，在心存感激中共同修复损失。 夫妻之间，遇事最好的解决方式是：不责备、不挖苦、不抱怨、能理解、互包容，水深火热一起面对，相互鼓励走出困境。

　　曾有一则关于火灾的新闻，丈夫在灾后的表现引发了网友们的热烈讨论和纷纷点赞。

　　火灾的起因缘于女人用吹风机给孩子尿湿了的床单吹风，吹到一半，孩子哭闹起来，她放下吹风机去客厅哄孩子，因为情急之下没关电源，致使吹风机爆开，引燃了床头的靠枕。

　　整个屋子在烈火的包围下燃烧着，毫无反抗之力，很快滚滚浓烟就冲到了楼上的住户家。虽然消防队及时控制住火情，扑灭了火，但房屋内满眼只有黑黢黢的颜色，连窗户都已经被烧毁，墙面开裂，房门烧焦，床也只剩下骨架，之前的温馨小家转眼间变成了一片狼藉。

　　妻子看着因为自己一时疏忽而酿成的大错，一边抹眼泪，一边嘴里不停地叨咕着："都怪我，都怪我……"

　　丈夫却没有一丁点儿的责备之语，反过来一把揽过妻子，安慰道："不就是一套房子嘛，大不了重新装修，相当于我们住新房了。"

对于丈夫的暖心之语，网友们表示，这才是安慰老婆的正确打开方式！ 因为责备一出口就意味着伤害，如果妻子在遭遇困境，感到最脆弱无助的时候，爱人能够及时安慰，掌控局面的主动权，让她能从痛苦和自责中尽快抽离出来，夫妻关系不仅不会受到困难的冲击，反会因为共患难而更加稳固。

西方人称这种行为是"Preset behavior"，翻译成中文就是"前摄行为"，其含义是指在遭遇困境时，要反过来控制局面，而不被局面所牵制。前摄的思想与行为行动具有前瞻性，采取先行一步、积极主动的行为立刻掌控局面。在婚姻中具备这种"前摄行为"的人不在少数，他们都懂得如何用自己的宽容和智慧，去处理婚姻中出现的问题，甚至是灭顶之灾，他们依靠一己之力力挽狂澜，将濒临崩溃的家从悬崖边上拖回来。

有一对夫妇，在结婚后的第十一年才生了一个男孩，自然视为掌上明珠，一家三口过着开心幸福的生活，然而这一切美好却在一个清晨戛然而止。丈夫准备出门上班的时候，忽然看到客厅桌上有一瓶忘记盖盖子的药水，因为赶时间，他只是大声地告诉妻子："快把桌上的药瓶收拾好！别让孩子乱动！"然后就急匆匆地关上门上班去了。

妻子为了给孩子准备早餐，正在厨房里忙得团团转，完全忘了丈夫出门前的叮嘱。两岁的儿子拿起了药瓶，被药水漂亮的颜色所吸引，越看越喜欢，一口气便把药水全都喝光了！药水的成分剂量很高，即使生病中的成人也只能少量服用。男孩服药过量，虽然被及时送到医院，但医生仍然回天乏术！

妻子被突如其来的噩耗吓得魂飞魄散，在医院里哭天抢地，她恨自己没有听丈夫的话及时把药水收好，更没有脸再面对丈夫，只想追随可怜的儿子一起去了……

　　焦急的父亲赶到医院，得知噩耗，悲痛欲绝！他看着儿子冰冷的尸体，又望了一眼已经崩溃的妻子，走到她身边，心疼地抱住她，在耳边悄悄地说："亲爱的，我爱你！"妻子听到丈夫温柔的话语，埋入怀中，失声痛哭。

　　当我看到这句"亲爱的，我爱你！"的时候，心中真是百感交集，一股侠肝义胆的悲壮油然而生！多么简单的一句话，放在其他时候，只是一种爱意的表达，而在此时此地，则是一个男人所表现出的全部责任与担当。这句话需要莫大的勇气和胸怀才能说出口！面对如此撕心裂肺的变故，他没有半句责备之言，还能反过来安慰肝肠寸断的妻子，令人深深为之动容。男人深知，孩子的离去已成事实，再多的责骂也无济于事，除了加剧妻子心中的痛苦，起不到任何积极、有效的作用，孩子不能死而复生，但他们的生活却还要继续。

　　我们在面对人生的重大变故和艰难处境时，都会面临不同的选择，而选择的结果会直接影响和决定夫妻之间、乃至整个家庭未来生活的轨迹。当一件可怕的事情不幸降临时，你可以选择勃然大怒、自怨自艾、痛不欲生，甚至一味地指责别人，以发泄自己心中的不满和怨气，但事情却不会因此而有任何改变，只能是火上浇油，雪上加霜。而那突发的不幸，也会变本加厉地与你今后的生活如影随形，让你背负一生的痛苦苟活下去。

相反，如果能够放下指责与怨恨，换一个角度去看待问题，逝者已矣，生者如斯。夫妻两个人在遇到这种无法预料的突变，能够相互支撑，勇敢地挺过来，那么就能把伤害和痛苦降到最低。简短的小故事里蕴含着大道理，但是道理易懂，又有多少人在面对生死离别时仍能坦然应对，不伤及他人，不发泄怒火呢？

其实，一个人在遭遇不幸时，如果不能选择以最适当的方式去勇敢面对、积极解决，又怎会再有勇气去面对未来的生活？夫妻间在遭遇坎坷和意外时，应该记起在结婚时所立下的那段神圣的誓言——不论贫穷还是富有，不管是健康还是疾病，我都爱你、尊重你，直到死亡将我们分离。富有、健康时的爱情相对容易，贫穷、疾病和灾难情况下的坚守和陪伴，则显得尤为珍贵。

就像杨澜所推崇的爱情观："婚姻的纽带，不是孩子，不是金钱，而是关于精神的共同成长，在最无助和软弱的时候，有他/她托起你的下巴，扳直你的脊梁，令你坚强，并陪伴你左右，共同承受命运。那时候，你们之间除了爱，还有肝胆相照的义气，不离不弃的默契，以及铭心刻骨的恩情。"

遇到问题和挫折不责备，共同面对一起扛的好婚姻，除了彼此间的包容与理解，还有一份可贵的肝胆相照。两个人日夜相伴、朝夕相处，从日常琐碎的点滴生活，到直击心灵的推心置腹，从各自的过去，到共有的未来，身边的爱人是参与自己人生最多也是最深入的一个人。只有这样的亲密爱人，才能在关键时刻侠肝义胆，不离不弃。

吵架的最高境界

　　夫妻吵架，是一件司空见惯的事情，即使三观再一致的恩爱夫妻，也会有很多道理和领域需要在人生道路上和婚姻生活中边走边学，边犯错边领会，而在学习和试错过程中，就是夫妻矛盾集中爆发的引爆点。有的人在吵架中受伤，有的人在吵架中反省，有的人在吵架中成长，有的人在吵架中摸索出相处之道，有的人也会在吵架中分手……同样是吵架，不同的处理方式会将双方引向截然不同的方向。

　　唯物主义告诉我们，矛盾是事物发展的源泉和动力，而夫妻间的争吵也是感情升华的源泉和动力。我们所需要的是可以从中不断反省，获得收获，促进成长的"会吵架"，而不是把感情越吵越冷，越吵越淡，最后分崩离析的"真吵架"。

　　那些"会吵架"的夫妻普遍具有改善爱的能力，他们会在吵架过程中为了更好地增进感情而做好爱的铺垫。相较于爱吵架的人来说，那些把所有的不快都沉到心底，最后再把积怨已久的怒火全部发泄出来的人，对婚姻的杀伤力会更大。所以有人说吵架是婚姻的"小地震"，可以经常"抖一抖"，这样能有效减少"大地震"的灭顶之灾。

面对矛盾，需化解于无形

唉！我每天又得带孩子，又得工作，回来还得做饭，真是累死了！

那你就辞职在家待着呗！

我辞职在家，你让一家子跟你喝西北风吗？就你每个月那点工资，能养活得了我们母子？！

生活中像这样的吵架场面，很多夫妻都曾遇到或正在经历，如果双方能够转换一个视角去看待问题，或者切换一种对话方式去沟通交流，也许会收到另一种事半功倍的奇效。

你嫌我穷？嫌我没本事，那你别和我过呀！你看谁有钱、谁有本事，你找谁去！

老婆真是太辛苦了，今天我来主厨，你赶紧休息会儿，如果觉得太累，咱就不干了，专职在家带孩子怎么样？

老公，我现在又带孩子，又工作，觉得好累啊！

但是孩子马上要小升初了，又是补课，又是辅导，经济压力实在太大，我怎么能让你一个人承担呢?

这样的对话只是简单地更换了一些词语句子，改变了一种说话方式和语气，就可以有效避免争吵，夫妻间的感情也在对话中得到了升温，更能体现出家的味道。

谢谢老婆，你的辛苦和付出，我都记在心里。我会为了你，为了这个家好好努力工作。

但如果夫妻吵架不把握好分寸和尺度，很容易越界或升级，进而产生真正的破坏力，不仅影响婚姻感情，还会影响孩子对未来生活的判断。那么，为什么夫妻间会吵架？究其根源大都是因为我们用了错误的表达方式。在生活中有不少夫妻，只要一张嘴，就能吵起来。

一对结婚 13 年、娃 10 岁的夫妻就是如此。

一天，女人下班回家，向男人随口抱怨道："唉！我每天又得带孩子，又得工作，回来还得做饭，真是累死了！"

没等女人抱怨完，男人就打断道："那你就辞职在家待着呗！"

一句话让女人立刻怒从心头起："你说的这是什么话？我辞职在家，你让一家子跟你喝西北风吗？就你每个月那点工资，能养活得了我们母子?!"

男人已经听到了"战争"的冲锋号，声音立刻提高了八度："你嫌我穷？嫌我没本事，那你别和我过呀，你看谁有钱、谁有本事，你找谁去！"

儿子在一边漠然地看着这一切，这样"战火纷飞"的阵势对于他来说已经习以为常。父母间毫无预警的争吵，从他出生起就开始伴随着他。在懵懵懂懂的儿时，每次吵架他都会被吓得躲在墙角哭，两个人听到儿子的哭声，会休战几天，之后再次开战。孩子在"硝烟弥漫"的家庭环境中逐渐长大，磨炼到现在，已经完全无动于衷了。

对于生活中这样的吵架现场，很多夫妻都曾遇到或正在经历，如果双方能够转换一个视角去看待问题，或切换一种对话方式去沟通交流，也许早就可以偃旗息鼓，不会将吵架的战线拉这么长。最糟糕的是，他们居然允许以这样的家庭日常陪伴孩子的成长，总是当着孩子的面吵架，夫妻间吵完可能就翻篇了，而孩子却不一样，他亲眼见到父母吵架时最可怕、最阴暗的一面，长此以往，这会在孩子心里形成阴影，难以消散，不仅害了孩子，也会毁了婚姻。

他们夫妻二人的主要问题出在相互不了解男女的思维模式上，男人是单点思维，他们只是简单直观地理解字面意思，对于深层意义不会去追究，特别是在和妻子对话时，更不会去费这个心思。在丈夫看来，女人的抱怨就是在表达："我不想又带孩子、又工作，而你却什么都不干！"所以丈夫会不过脑子地脱口而出"那你辞职吧"这样极为冲动的语言。

而女人的思维模式比男人更感性，夫妻间的争执，有些来源于女人心里积累了太多负面情绪，一时失控所致。只是，暂时的失控不可怕，可怕的是一直被负面情绪所牵绊，渐渐地彻底歪曲了是非，混淆了黑白，看到的永远是事物相反的一面，体察到的也永远是对方不好的一面，却没有觉察到对方的委屈与不易。

倘若夫妻双方有一方不懂得应该怎样正确而直接地表达需求，就相当于把伤害自己的权利交到了对方手上。所以正确的沟通方法，是引导对方明确看见自己需求的唯一途径。

如果两个人更换一种沟通方法，刚刚的那一番对话就不会火药味十足，取而代之的是能很顺畅地表达出自己意愿的温馨言语，与此同时，男人也能在愉快的对话中欣然接受女人的请求。

> 女人对男人温柔地说："老公，我现在又带孩子，又工作，觉得真累啊，今天你能给我和儿子露一手吗？特别想吃你做的饭了！"
>
> 男人露出心疼的表情："老婆真是太辛苦了，今天我来主厨，你赶紧休息会儿，如果实在觉得太累，咱就不干了，专职在家带孩子，你觉得怎么样？"
>
> 女人马上答道："但是孩子马上要小升初了，又是补课，又是辅导，经济压力实在太大，我怎么能让你一个人承担呢？"
>
> 男人微笑着说："谢谢老婆，你的辛苦和付出，我都记在心里。我会为了你，为了这个家好好努力工作。"

这样的对话是不是才体现出家的味道？其实只是简单地更换了一些词语句子，改变了一种说话方式和语气，就可以将一场争吵化解于无形。双方既降低了沟通成本，还避免了吵架的发生，夫妻间的感情也在对话中得到了升温。

在婚姻中夫妻双方要明白婚姻不易的道理，一辈子不吵架的夫妻凤毛麟角，那些能够白头偕老的夫妻，绝不是我们想象中的"相敬如宾"，而是深谙吵架艺术的绝世高手。好的感情并不是一辈子不吵架，而是吵了架依然过一辈子。所以两个人每次发生争吵，最好不要让矛盾过夜，尽快就此进行一次认真的沟通，在第一时间内灭火，把两个人的火气及时泄掉，进而以后不再犯同样的错误，逐渐摸索出一套两个人都可以接受的相处之道。这才是吵架的真谛，要从每一次争吵中有所收获，而不是吵一次积累一次怨气，最后变成无法弥补的裂痕。

从心理层面而言，夫妻在发生冲突的时候，也是打开自己心灵之窗与外界沟通的时候。此刻人的心理极为脆弱，如果你在此时能与对方共情，你们的关系反而会在争吵中更为亲密，这也是为什么有的夫妻在吵架之后更显亲密的原因。而那些心智不成熟和以自我为中心的人，会把夫妻之间的冲突变成真正的"吵架"和"战争"，过激的语言和无限放大的情绪会让两个人的感情"存款"迅速消耗殆尽，更甚者会因一场争吵而彻底透支。最后的结果就是既伤了夫妻感情，又破坏了自己的婚姻。

很多人都知道，钱锺书和杨绛一辈子相敬如宾、举案齐眉，是我们这些前赴后继沉浮在婚姻大海里的晚辈们学习的典范，但很少有人了解，他们也曾吵过结婚以来最为激烈的一架。

对于吵架，钱锺书说："夫妻吵架是世界上最可爱的战争，就像一把剪子的两叶刀片，你看他们互相砍来杀去，但绝对不会伤到对方，大战三百回合后竟相安无事。"

因此，对于这"最可爱的战争"，杨绛在《我们仨》里是这么回忆的：

> 我和锺书在出国的轮船上曾吵过一架，原因只为一个法文"bon"的读音。我说他的口音带乡音，他不服，

说了许多伤感情的话，我也尽力伤他。然后我请同船一位能说英语的法国夫人公断。她说我对，他错。我虽然赢了，却觉得无趣，很不开心。锺书输了，当然也不开心。常言："小夫妻船头上相骂，船桫上讲和。"我们觉得吵架很无聊，争来争去，改变不了读音的定规。我们讲定，以后不妨各持异议，不必求同。

事实的确如此，两个相爱的人吵架，无论结果输赢，都会不开心，都会伤感情，都会影响婚姻。刘墉曾说，道理这个东西，哪里都可以讲，唯独不可以在爱情中讲。最伤感情的吵架，就是各讲各的理，然后争输赢，论长短，比对错，最后两败俱伤。各持异议，不必求同，才是吵架应秉持的原则。

在婚姻里最恐怖的杀手，不是出轨，不是外遇，不是婆媳关系，也不是孩子教育，而是不会好好吵架。当然"会吵架"的夫妻并不是没有情绪，他们只不过更善于正确地表达自己的情绪，告诉对方自己此时此刻的感受，而不是一味地压抑情绪。他们在把握情绪的同时，又能准确认识到自己的情绪，并能就此和对方进行讨论和交流，这些都是高情商人格的成熟体现，而不是不管三七二十一，遇到一点问题就乱发一通脾气，把自己的负面情绪一股脑发泄在对方身上，或把问题不断升级，闹到无法挽回的局面才后悔不已，这都是不成熟的做法。

会吵架的夫妻不仅懂得把吵架当作沟通和解决问题的手段，也懂得尊重彼此的底线。夫妻之间在吵架、冷静之后一定要防患于未然，为日后不得已的吵架定下基调和规矩，两人共同遵守。 比如当两个人情绪失控时，允许一个人离开几小时等，这些都是行之有效的调解夫妻矛盾的秘籍。 适度的吵架，是俗世里的烟火气，无伤大雅；而在吵架过程中，能够保留底线、不为己甚，留几分余地，却是人格成熟和人生智慧的集中体现。

其实说到底，夫妻间最重要的还是有效沟通，它是维系感情的桥梁。 而从另一个角度看，吵架也是一种沟通。 好好地吵架，愿意在吵架中或在吵架后多与对方谈心，说出自己的真实想法，不争对错，不道是非。 这样的架，吵完了，既能总结出经验、教训，又能恩爱一辈子。 这，才是吵架的最高境界。

"爱"比"理"更温情

家是言爱而不讲"理"的地方，这句话乍听起来毫无道理，但却是至高真理，是多少夫妻，消磨了多少岁月，尝尽了多少辛酸，在纠缠不清、难解难分的爱恨是非中提炼出的人生精华。 如果将"有理走遍天下，无理寸步难行"这一信条搬到婚姻里，家就不再是家，而会彻底沦为硝烟弥漫的战场。

当夫妻二人开始凡事讲理，据理力争时，婚姻已经开始笼罩上一层阴霾。 表面上是摆事实、讲道理，实际上是两个人自以为是地排兵布阵，掌控对方，从心理学角度来说，就是不懂接纳对方与对方共情。 讲理讲到最后，结果只有感情越讲越淡，爱情越讲越薄，落得两败俱伤，分道扬镳。

我们常会听人说，婚后我才发现他原来这么不讲理，这么不可理喻。 其实，想想都是人之常情，恋爱时，彼此都会把自己最好的一面展现给对方，对于缺点则会极力掩饰，而且恋爱时的男女眼中所看到的也全部是自己想看到的优点，缺点完全忽略不计，或全盘包容。 但结了婚，各自卸下伪装和面具，开始"坦诚"相对时，缺点慢慢一一浮出水面。 人本身并没有改变，只是彼此间的神秘感消失了，再加上越来越麻木的包容心被越来越明显的苛责心所覆盖，好胜心不断冒进，讲道理的战争也就接踵而来了。

　　夫妻生活在同一屋檐下，这个家的确不是一个讲理的地方，是讲"爱"的地方，这里需要的是温情脉脉的宽容与理解，而不是言之凿凿的论证与论据。有位哲人曾说过，世界上有三种人可以不讲理：疯子、病人和爱人。爱人为什么可以不讲理呢？因为两人之间有感情，有依赖，有信任，这是不能用道理说明白、讲清楚的事物，唯一可以应对的就是"情"。

　　夫妻之间，遇事多考虑对方的感受，把"你怎么连这点小事都干不好"之类的责备之语，变成"相信你下次会做得更好"，那么，相信在未来的日子里一定会有意想不到的惊喜。两个人每天早上睁开眼的一声早安，上班前的一个亲吻，下班时的一个拥抱，这些最简单、最温情的小动作，都能让彼此拥有一整天的好心情，我们又何必偏要抱着毫无人情味的"理"不放呢？"理"就像爱情中的碎镜，一片片闪着冰冷刺眼的光，一句句刺割着彼此爱恋的心；而"爱"就如同逆境中伸出的温暖之手，给人以支持和力量。

做好婆媳间的桥梁

在婚姻中有一种很微妙、很特别的关系，一旦处理不当，就会成为整个家庭变乱的导火索，那就是婆媳关系。当双方因各种原因无法正常沟通和互相理解时，就会呈现出对牛弹琴或鸡同鸭讲的局面，进而影响家庭关系。尤其婆媳关系，一旦有了矛盾，两个女人中间产生一个结，又没能及时打开，便会将"结"沉入心底，日积月累真的变成了心有千千结。

婆媳关系的风吹草动对于整个家庭来说，都可谓是牵一发而动全身，直接影响到夫妻关系的和睦。此时，身处核心要害部位的儿子就会在母亲和妻子的迫切盼望中闪亮登场，他是否能够公平、公正、智慧、巧妙地化解矛盾，决定了这个家庭今后的走向，可以客观地说："所有的婆媳矛盾，都是夹在中间的那个男人的问题。"

前不久在网上看到一封新郎在结婚现场读给母亲的信，据说在场的很多亲朋好友都感动得流下了泪水，我看了也深深为之动容。

新郎拿着手中的信，满含深情地读道："妈，儿子今天结婚了，您高兴吗？时间过得真快，也许明年您就能当奶奶了。

"还记得我小的时候，看到您和奶奶吵架，爸爸总是不问青红皂白，无条件、无理由地站在奶奶那一边。

"到了晚上您就会委屈地抱着我哭，我当时就在想，等我长大后娶了妻子，一定要处理好婆媳矛盾，不让妈妈伤心，也不让妻子受委屈。

"今天我已经为人夫，很快也将会为人父，我和妻子商量好了，以后一定好好地孝敬二老。

"我知道婆媳关系很难相处，但我希望将来在遇到婆媳矛盾的时候，妈妈能够让一让我妻子。也请您原谅我，因为我不会对妻子说，我妈挺不容易的，我想对妈妈说，您对我妻子好一点儿，您有爸爸和我疼，而我妻子在这个家却只有我。

"当然，我也相信妻子不会无理取闹，因为我的妻子和我的妈妈是我生命中最重要的两个女人。我爱你们，就像你们爱我一样，今天我结婚了，余生请多关照！"

我每每看到这封朴实无华的信都会感动，里面没有华丽的辞藻，没有"假、大、空"的客气之词，有的是一颗真诚又坦白的心，一方面感恩父母多年来对自己的辛苦付出，一方面又捍卫了自己的爱情和婚姻，在最吉祥、最喜庆的日子里给将来最难相处的婆媳俩提前打下了预防针，在婆媳二人互相改口的那一刻，为她们之间成功打造了一座桥梁，为以后的相处和沟通开启了真诚的开端。母亲最初也许会有一些小失落，但相信很快就会为儿子表现出的高情商感到欣慰和骄傲。

如果每个男生在处理婆媳关系时都能像新郎一样，讲道理，明是非，不愚孝，那么这个世间就会少去很多因婆媳矛盾而带来的不悦和纷争。 新郎能够在面对母亲的养育之恩时做到不一味地愚孝实属难得，在现实生活中，那些总把"我妈不容易"挂在嘴边的男人，他家里的婆媳矛盾会不断激化，婚姻多半也是不幸福的。 而那些说着"对我妻子好点"的男人，家里反而不会有那么多的婆媳矛盾，家庭的幸福指数也会逐年飙升。

其中的道理很简单，当婆婆明确知道自己儿子疼爱儿媳时，就会更加尊重儿媳，因为她不想让儿子不开心，也不想让儿子受"夹板气"。 这在心理学上被称为趋同心理，也叫作遵从性，指的是个人希望与群体中多数意见保持一致，避免因孤立而遭受群体冷落，甚至制裁的心理。

而那些一切唯母亲第一的家庭，很自然地会把母子关系凌驾于夫妻关系之上，婆婆仗着有儿子和丈夫的双重关爱恃宠而骄，自觉不自觉地做出或说出一些轻视儿媳的行为和语言，矛盾就在这有意或无意间慢慢积累、酝酿，直到彻底爆发。 在婆婆潜意识里还会认为，我儿子都已经默认或公开表示我比她重要，在儿子心中我永远是排在第一位的，那我就有义务替儿子好好教育她。 妻子在丈夫心中的地位，直接决定了婆婆对儿媳的态度。

吴为晚上回到家看见老妈脸色不善，屋里一片沉寂，他没有说话，径直走进了自己的房间，却发现老婆没在家。便出去问道："妈，小怜去哪了？"

"不知道，走了！"妈妈一脸怒气地回答。

吴为一听也没太在意，以为妻子又像平时一样与母亲吵嘴后出去遛个弯，一会儿就会自己回来。妻子和母亲两人关系不和也不是一天两天的事了。吴为向来都是拉偏架，一切以母亲至上为原则。他这样处理也是因为他的家庭比较特殊，在他十岁那年，父亲突发意外去世了，母亲为了拉扯他长大，没有再嫁，含辛茹苦十几年，把他抚养成人。他从小就在心里暗暗发誓，绝不能娶了妻子忘了娘，就算结婚了，也要和母亲住在一起。现在的吴为事业小有成就，前两年又刚刚添了一子，四口之家，本应该和和美美，不料，妻子和母亲因为在教育孩子方面所引发的矛盾越来越尖锐。以前只是一些小事会产生摩擦，吴为当着母亲的面儿说妻子几句，再跟妈说几句好话，就算过去了。等到晚上再和妻子"低三下四"地赔不是，让她理解自己，也理解自己特别不容易的妈。小怜不是一个不讲理的女人，在嫁给吴为之前就做好了思想准备，因为她深知带大吴为不容易。

天色已暗，小怜还没有回家，吴为进屋去给妻子打电话，发现她手机也没带，放在家里了。他有点坐不住了，翻翻家里的东西，衣服什么都没有带，只拿走了身份证和钱包。

吴为马上又打电话给丈母娘，看妻子有没有打电话，会不会回娘家了。结果丈母娘说没打过电话，还问吴为是不是出什么事了，吴为什么都没敢说，几句话敷衍了过去。

他接着挨个给妻子的几个闺蜜打电话，果然有一个女孩说小怜给她打过电话，想去她那里玩几天。

吴为马上查了火车票，最近的一班车是明天一早。

第二天清晨，吴为便带着儿子去火车站进站口等待妻子。他觉得自己或许劝不动正在气头上的妻子，但看到儿子，小怜一定会心软。

果然妻子经不住儿子几句奶声奶气地呼喊，三口人一起回了家。一路上不管吴为说什么，小怜都一声不吭，全程冷着脸。

回到家，吴为不停地跟妻子说着好话，他也不明白老妈和妻子挺好的两个人，怎么就处不到一起去呢。相互之间不理不睬也就罢了，还常常为了一些小事发生分歧，搞得家里气氛总是紧张兮兮、乌烟瘴气。

他母亲总抱怨，妻子不够孝顺，她一个人吃了那么多的苦把儿子拉扯大了，现在还要帮着带孙子，关键带孙子还要听妻子的话，难道她能把吴为带这么大，就不会带小孩了？

妻子则说他母亲对孩子简单粗暴，这样不利于孩子的心理健康。而且对她有什么话都不当面说，背地里跟邻居到处说她的不是，还在孩子面前说她这不好、那不好，这让孩子心里怎么想。

母亲辛苦一辈子，因为没有丈夫，一个人带着孩子支撑着家，性格必然强势，脾气也比较暴躁。小怜又不能总是跟吴为发脾气，但难免会在背后和亲戚朋友唠叨。吴为知道，但也不好否定母亲，在他的行事规范里，不能对母亲说一个"不"字，否则就会感到罪孽深重。

妻子跟他在一起的时候，他一贫如洗，一起慢慢打拼到现在，现在她要上班，还要照顾孩子，也很不容易，他也不忍心去责怪妻子。

每次她们在他跟前抱怨的时候，他正常情况下都会偏袒母亲，长年累月下来，妻子心里的苦闷越积越多，终于离家出走了。

到了家，妻子依然不理他，他无奈地说："你和妈妈吵架也不能总迁怒于我啊?!"

妻子更生气了，情绪有些激动地说："怎么不能迁怒于你? 如果不是你事事都在偏袒你妈，我和你妈的关系也不至于处得像今天这么僵，我对她的忍受已经到了极限，我一直觉得我夹在你和你妈中间倒像个多余的人，现在你爱怎样就怎样，我也无所谓了。"

吴为也极为痛苦郁闷，妻子和母亲，他都爱，母亲的不易他感同身受，妻子的迁就他也看在眼里，可如今两个人的关系越闹越僵，又都认为自己没有错，态度坚决不肯妥协，他真的感到既无奈又无助，不能再像以前一样简单地去处理妈妈和妻子的关系，吴为不禁开始好好思考这个问题，并下决心从自己入手，去化解婆媳之间的矛盾。

像文中吴为这种情况，他所面临的婆媳矛盾相较于一般家庭的婆媳矛盾更难解决。 母亲一个人千辛万苦地把儿子拉扯大，"恋子情结"很深，所以自然会对儿媳产生敌对感，认为儿媳把原来只属于自己一个人的儿子活生生地抢走了，同时她把儿子的爱也分走了大半，这样的不平衡心理会一直缠绕在婆婆心中无法消散。

　　吴为应该先和妻子诚恳地道歉，主动承认自己以前的那种处理方法的确不妥，不该不分对错地只顾偏袒妈妈，让妻子受了多年委屈，同时让妻子将长时间压抑在心中的苦闷一一倒出，化解妻子心中的怨气，同时让妻子尽量把婆婆当成妈妈一样去爱、去关心，人心换人心，四两换半斤，面对妻子的主动示好，婆婆也没有理由不下这个台阶。

　　之后还要跟母亲进行深谈，在表达自己对妈妈养育之恩的感激之情后，要尽量多地帮助妻子说好话，让母亲明白，妻子在自己心里和母亲有着同样重要的地位。母亲可能当时会有一些不舒服，觉得儿子有被彻底夺走的感觉，但事后一定会想通，毕竟儿子从结婚的那一刻起，妻子才是他日后家庭生活的重心，自己是儿子的前半生，妻子才是儿子的后半生。在儿子向母亲表明心迹后，母亲了解到儿媳在儿子心中的分量，以后对儿媳的态度也会慢慢有所改观。

　　因此，在任何时候，都应该记住我们的初衷，要多沟通。婆婆善待儿媳，就是爱儿子的最高境界；妻子孝敬婆婆，就是爱丈夫的最高段位。而作为两者之间纽带和桥梁的男人，要深谙"维和战略"，扮演好婆媳二人之间的和平天使，而不是暗黑使者。为了调停各种矛盾和争斗，有时甚至还要客串"两面派""墙头草"和"双方卧底"。同时还要具备足够的"婚商"，必要时出演一些卖萌、装傻、厚脸皮的独门绝技，总之一句话，为了看到家中"太后老佛爷"和"皇后娘娘"如沐春风般的美好笑容，以及其乐融融的温馨场面，一切努力都是值得的。

第五章

两情相悦，幸福的慢生活

令人惊叹的性能量

弗洛伊德认为性能量代表生的能量、创造的能量，也是生命的能量。纵观历史，那些极具创造性的名人，大多具有很强的生命激情。

如果不是性能量的驱使，大自然中鲜活绚丽的生命将不复存在：玫瑰花将不会绽放出娇艳欲滴的花朵；孔雀再无必要展开缤纷夺目的耀眼羽毛；鸟儿也不会再唱出莺声燕语般的动人旋律……作为生命原动力的性能量，不仅促进了物种的延续和进化，同时也为我们创造出异彩纷呈、花团锦簇的大千世界，也正是在这种原动力的驱使下，各种生命才能在地球上延续几十亿年而长盛不衰。

我们只要用心留意一下周遭的世界，就会发现随处都悸动着性能量。它是最大的生命力，是生命的源头，也是所有爱之旅程的源头，正因为有了它才有了族群的延续和新生命的诞生。所以不要谴责它，而应正视它。

从精神分析的层面来讲，性欲是一切动力的本能，古人云："食色，性也。""男女居室，人之大伦也。"

因此，两性交往几乎成为神一般存在的永恒话题，不管是文学、艺术领域，还是现实生活。婚姻则在其中扮演了极为重要的角色，它是两性交融的堡垒和战场。

但"性"在中国文化里是一片禁区，实际上，中国文化并不是从一开始就对"性"采取禁锢态度。在唐朝以前，中国社会始终对性采取自由和宽松的态度。对性的禁锢，是从"存天理、灭人欲"的宋朝开始，程朱理学努力追求最大限度禁绝人的私欲，从而达到稳定社会秩序的目的。

但性作为一种上天赐予的原始能量，如若被尘封、雪藏和禁锢，它一定会影响我们的生活，而且以一种猜不透、想不明的方式悄悄地侵蚀和影响着，因为对它的禁锢违反了自然之道。

在婚姻生活中有很多人并不快乐如意，了无生趣的婚姻，无情、无爱、无性、出轨、外遇等问题，似乎已成为现代人所面临的一大困惑。造成这些困惑的本源是性能量的缺失，使我们无法放松自己的身体与心灵，无法与他人和世界和解，无法使体内阴阳保持平衡。

性是美好的，它是人类探索身份最光彩的礼物之一。但因为文化、教育和社会等诸多方面的墨守成规，对"性"的禁锢和压抑，导致了这最初的原始能量在我们身体内无法自然流动，不知不觉间深刻地影响着我们的亲密关系。对于因为外在因素和自我原因所造成的禁锢和压抑，我们可能选择服从，也可能选择叛逆。很多人认为叛逆便是解放，因为它与社会要求的完全相反。其实不然，叛逆仍然是对这种压抑的回应，还是一种被限制而并非自然流露的状态。所以，无论是服从，还是叛逆，都是枷锁。

这种枷锁，我们嘴上虽然不说，身体全部都会记得，而且以自己的生命状态向我们一一展示，就像经常有人因为无性生活，或性生活不和谐而萎靡不振，甚至产生疾病的困扰。性能量具有强有力的疗愈能力，能沿着脊柱向上攀爬，将淤堵的能量结节一一打开，让能量冲破阻塞，重新自然流动起来。性能量是驱动我们生命的能量，让我们充满生命力的源泉。

　　我们每个人体内都拥有如此强大的生命能量，却因为不安全感和羞耻感，将性禁锢和压抑。当我们打破"性"的枷锁，让沉睡在我们体内的性能量彻底苏醒过来，相信一定会给我们的生命和生活带来焕然一新的面貌。

性爱在交流中产生愉悦

性是一个男人和一个女人之间的对话，它不仅仅是身体的，也是情感的。 如果没有充分的情感交流，只是不断地重复着相同的性行为，性爱很快就会变得乏味无趣，令人神往的性爱也成为应付差事的无奈之举，这样的结果任谁都倍感厌倦。

我们现在常把和谐挂在嘴边，无论是社会，还是家庭都讲究和谐，性必然也需要这份和谐。 性和谐的本质是两个人关系的和谐，并非是我们通常所认为的两个人都体验到了高潮，就是性和谐，这只是和谐的一部分。 这样的高潮也许只是来自两个肉体的摩擦碰撞而产生的快感，而心灵的碰撞与交流却是缺失的，所以不能仅仅依据是否享受到高潮来判定性是否和谐。

真正的性和谐应该是身心交融，两颗心和两个身体无我地交合在一起。 心在一起需要交流，它所依靠的是情感，只有注入情感交流的性爱，才称得上是亲密。 亲密是独立的两个自我和谐相处的状态，我和你的一部分是融合的，但又不是全部。 弗洛伊德将其称为性驱力，是一种目的和一种客体，各自独立，只有在发展过程中才会焊接在一起。 因此，没有独立的自我也就不会有真正的亲密关系。 只有两个更为完善的人格，才能享受到正向的、良好的亲密关系，继而在性爱交流中产生愉悦。

　　男人出差近半个月，回到家洗完澡，就想着赶紧瘫在床上，一动也不想动。深感疲惫的他头一挨枕头就打起了呼噜，这一刻他终于可以卸下职业经理人光鲜又沉重的盔甲，将会议、订单统统抛之脑后，从没日没夜的繁重工作中暂时解脱出来，彻底放空自己，好好休息一下。然而等待他的还有另一项"战斗"——散发着淡淡幽香的妻子从身后温柔地抱住了他，凭借背部的触感，他知道她特意穿了那件性感的蕾丝睡裙。虽然他兴致全无，但又不愿让妻子失望的丈夫还是强打起精神，完成了与妻子小别的必修课，虽说是小别，却没有一点儿胜新婚的渴望与激情。

　　例行公事，尽到义务，这是大多数夫妻在结婚几年后的普遍感受。现在有许多夫妻的性生活只是匆匆走个过场，也有许多个家庭因今日埋下的情感疏离的种子而承担苦果。

　　绝大多数人认为，性爱只是身体的交流，不需要再进行其他方面的深入交流，这种观点在结婚数年的夫妻中尤为盛行。中年性生活的褪色，也伴随着爱情的褪色。中年人的性，是已在婚姻里摸爬滚打多年的性，他们自认为已经是老夫老妻，彼此之间的了解足够透彻，身体、性格、动作、反应每一个环节都烂熟于心，已经形成了机械性的程序，根本不可能再燃起任何激情，也提不起兴趣再做所谓的交流。他们将生活的重心全部放在了工作、社交、孩子和家务之中，完全忽视了性爱作为沟通精神和心灵的桥梁作用。殊不知，乏善可陈的夫妻生活，俗务缠身的日常生活，极易消磨人的感情和信念。久而久之，婚姻逐渐失去了爱情的本色，仅剩下生儿育女、教育下一代、维持社会关系等冷冰冰的现实意义。婚姻是供给人们情感养分的主要输出端，如果它丧失了这一功能，高度开放的现代社交环境又客观地提供了选择新鲜的可能性，假如夫妻双方有一个人受到外界的诱惑，被崭新的爱情和全新的性体验所俘虏，那么早已根基不稳的婚姻很容易轰然瓦解。

那么怎样做才能使沟通精神和心灵的性生活重新燃起爱情之火呢？让我们再回到男人的故事中：

和大多数中年男人一样，丈夫早已过了对性爱痴狂的年纪，三十多岁的他正处于事业的上升期，家中也是上有老、下有小，其压力可想而知。他并非不爱自己的妻子，但工作和生活占据了他绝大部分的时间和精力；他也并非对性没有需求，只是累了一天的他更想好好地休息。但出于面子，他并没有把自己真实的想法告诉妻子。

女性不同于男性，到了35岁至45岁，对性的需求会日益强烈，而妻子正处于这一时期。她能感觉到自己对性的渴望，但她也能明显感觉到丈夫的敷衍和冷漠，几次他不经意间的皱眉和犹豫，已经深深地伤害了她的自尊。她不知道到底发生了什么事情，使丈夫的欲望越来越少。究竟是自己做错了什么，还是自己的魅力已经无法再吸引丈夫？她同样没有主动将疑问解开，而是将其一层一层深埋于心底，一边压抑自己的欲望，一边努力取悦丈夫，妻子也觉得自己很累很疲惫。但更令她伤心的是，在自认为付出了这么多后，每周靠"争取而来"的那两次性生活，质量越来越低，这使她既苦恼又沮丧，却依然没有主动跟丈夫去交流，也没有站在丈夫的立场去想过这个问题，她总是幻想着丈夫有一天能够理解她的付出，了解她的心意。

很明显，这对夫妻的性生活出现了问题。他们消极的身心交流使彼此都不甚满意。客观上存在着需求差异，主观上两个人不愿沟通、不想交流，导致他们在各自心中筑起了一道高墙。性是与生命同在的圣火，没有性的婚姻堪称囚笼，糟糕的性爱时时刻刻侵蚀着婚姻的堤坝。性不仅可以做，还必须要说，而且要用心地去说，在性爱中学会沟通与交流，使双方身心真正融合，是所有夫妻一生都要必修的课程。

法国夫妻关系治疗师塞尔日和阿让塔·维达勒·格拉夫在《探讨性核心》一书中强调："只要能建立起一个顺畅坦诚的性爱沟通，我们可以日复一日、年复一年像新婚一样缠绵缱绻，继续享受性的愉悦。"他们的秘诀很简单，就是夫妻间敢于谈"性"，敢于触及各自的性秘密，并学会适时地对话和交流。

因此，他们夫妻间存在的问题并不是简单的性爱频率。"一周几次"不是关键，关键在于他们并不了解对方和自己的差异性，总以自己的思维去和对方相处。更严重的是他们任

何一方都不愿主动地敞开心扉去和对方交流,将心中最真实的
想法说出来,两个人不约而同地选择了压抑自我的真实感受,
却还要伪装出另外一副很满足、很愿意的面孔。

妻子面对丈夫的心不甘情不愿,还在尽可能地表露
出温柔和期待的表情,可她的心却无法伪装,内心已抱
怨连天:你这样的表现是在惩罚我吗?我为你付出这么
多,却换来这样的结果,再这样下去让我还有什么动力
去爱你?与此同时,丈夫却在内心呐喊:只有老天知道
我是多么身心俱疲,但我是男人,是你的丈夫,必须让
你感到快乐,只有这样才能证明我是爱你的,可你对我
的苦心却视而不见,我从你眼神中已经看出了你的怨气。

如此表里不一,一心多用,性生活的质量能有多高,可想
而知。这就是两性之间的差异,明明在做着最幸福的事情,
却因为两个不完善的人格,将其活生生变成一种身心的折磨。
这就是为什么有些婚姻表面上看起来风平浪静,实际上波涛暗
涌,很大程度都因为男女双方对很多事物的看法大相径庭,却
又不懂得如何去有效地解决。男人和女人之间的差异与矛盾
注定永恒存在,唯一可以解决的途径就是及时有效的沟通和
交流。

其实,在亲密关系中伪装是一件特别困难的事情,你的伴
侣对你细微的反应洞若观火,其细致程度完全超出你的想象。
一旦他/她发现真实的你在性生活中"并不想",或"并不愉
快",表现出来种种反应不过是伪装出来给他/她看而已,这

样带给他/她的伤害远远大于你将真实的感受开诚布公地说出来。 所以，别再任由缺乏交流的性爱之花继续枯萎下去，是时候推心置腹，向你生命中最亲密的人如实地吐露心声。

要想获得美好的性爱感受，夫妻必须要有交流和沟通，这是性和谐的首要条件。 性爱的方式有千百种，不可能完全一样，因此两个人要抱有一个不断学习的心态，及时进行自我调整。 当性生活不尽如人意时，不要急于抱怨和否定对方，而要学着通过交流来了解彼此的需求，并给对方时间来调整性爱的步伐，这才是两个具有完善人格的人在面对夫妻生活时的上策。

幸福慢生活

"慢生活"这个词近年来频繁出现在我们眼前，电视、网络、时尚杂志随处可见，但在激烈竞争的压力下，我们别无选择，只能不断加快速度。所以慢生活对于很多人来说只是奢侈的梦想，因为它是以最为奢侈的时间作为成本和底色。

正因如此，在以数字和速度为衡量指标的今天，才会出现只有部分人保有快乐人生的能力，才会使慢生活打上高品质生活的标签，成为一种前卫而又温情的时尚元素。

而"慢性爱"则是慢生活的一种同步反映，有人这样总结慢性爱，要像品尝一块巧克力那样去体验性爱，而不仅仅是为了获取其中含有的糖分。它的过程享受远远大于结果，不要为了达到某种理想期待或者某种硬性标准，而让性爱沦为一种表演。

在电影《午夜巴塞罗那》中，女主角克里斯蒂娜走进风流艺术家安东尼奥的房间，满心以为对方希望自己立刻宽衣解带，而安东尼奥却对她说："不着急，我是一个延迟享乐主义者。"他口中所说的延迟享乐主义者可以被看作慢性爱的另一种注脚。

与之有着异曲同工之妙的还有亚当·德永所著的《完美伴侣·缓慢性爱》一书，作者用了 14 年的时间，通过上千位女性的案例，创作出完美的性爱教科书，它是比快乐更深入骨髓的迷恋，是沉溺于慢生活时代的男女相爱之道。 这本书上市不足 1 个月，在日本的销量便突破了 80 万册，并引起了一场缓慢性爱的热潮。 《缓慢性爱》的已经排在日本女性最想给男友看的书的榜单第一位，同时还雄居台湾诚品、金石堂、博客来三大书店榜首。

　　一部电影、一本畅销书所要传达的信息都不约而同地指向了慢性爱。 慢慢来，把高潮留到最后，不能像吃快餐一样，而要像喝红酒一般，慢慢品尝与回味，享受过程的美妙，体验完美的性爱，向无情的快时代发出最温情的对抗。 只有这样，爱的生活才能变成一种艺术，才会愈来愈有味道。

　　但现代社会在以令人咋舌的速度飞快发展的同时，也猝不及防地进入到一切都呈现出碎片化、快餐化的时代，哪怕是因爱而生的性爱也变得唾手可得：快速上床、迅速结束、审美疲劳、索然无味，仿佛流水线一般，完全没有动人魂魄的美感。

　　为此，日本的亚当·德永和美国两性学家尼古拉·达尔顿开始在全球推行"慢性爱"，号召人们用率性、舒缓、沟通和体验的心态对待性生活。 尼古拉·达尔顿还指出，偶尔快速性爱就像"零食"，但"大餐"还需要放慢速度。 "在慢性爱过程中，男人不必担忧是否足够坚挺，女人也无须为高潮缺失而焦虑，他们要做的就是放松下来，慢慢品味和享受整个过程。"如果你已经对快餐式、社交式的性爱感到厌倦，不妨体会一下慢性爱带来的别样感受。

1. 适度禁欲，期待性爱

可以主动尝试一段时间的适度禁欲，进而满怀希望地期待性爱，人为培养和酝酿出它的仪式感和神秘感，避免因为过于熟悉而导致激情缺失。《性，你真懂了吗》一书中说，适度禁欲是为了更好爆发。而中国古代养生学一直认为行房要有度，所谓度，就是适度，不能恣意情欲，漫无节制，否则就会慢慢透支自己的性爱热情。

人的生理周期具有一定规律，在禁欲后，接下来便是安排一个特殊的夜晚。《激情性爱》一书的作者斯坦博士称其为"设置性事时间表"，给对方留一张温馨的小纸条，制造出约会的浪漫氛围。他认为，"很多夫妇从来不花时间来计划亲密，但是性本身，其实完全是由期待来支撑的。"适当的禁欲可以让下一次性爱来得更富激情，也可以试着性幻想，给性爱增添更多的期待色彩。

2. 精心布置，放松心态

从性心理学角度讲，夫妻对性爱环境的期望是一种心理感受的要求，即足够的安全感、适度的性刺激，以及发挥联想的空间余地。我们在古代的春宫壁画图里，经常会看到很多卧室里有情趣的布置和摆设，这样的小心思放到今天依然值得效仿。卧室，应该成为夫妻专属的性爱密地，保证绝对的私密性，可以放一些助兴的用品，这样一走进卧室，就会有一股暧昧的情绪滋生，对性爱起到推波助澜的作用。

其次，轻松的心态是慢性爱的根基，暂时关掉手机、电脑，忘记繁忙的工作和琐碎的家事，选一个阳光明媚的午后，两个人一起看场电影，动手准备一顿烛光晚餐，喝一点红酒，点几根红烛，让双方的性爱温存、轻松而又循序渐进地蔓延开来。一次完美的性爱，是两个人情投意合时的情不自禁，而不是猴急般的开始，应付差事般的结束，要学会一些调情的艺术，过程慢下来，但性爱的品位和格调却能收获质的不同。

3. 忘掉高潮，多些温情

很多人都追求摄人心魄的性爱高潮。其实，高质量的性爱不仅局限于结果的美好，过程的美好同样重要。近期，荷兰乌德勒支大学研究人员通过对全世界500对夫妻进行调查发现，实质性爱平均时间为5.4分钟。因此，如果在短短几分钟的性爱中，男女仅仅为了高潮而大费周折、全情投入，似乎有些"得不偿失"。从这个意义上说，"不完全性交"更能让人充分体味性爱过程的美好，很值得夫妻尝试。

所谓不完全性交，指的是包含柔情爱抚、激情亲吻、深情凝视等内容的长时间性爱，但不刻意追求高潮。美国弗吉尼亚州性生活顾问埃里克·加里森说："人们通常像兔子一样做爱。而不完全性交就是像乌龟一样做爱。"不完全性交会促使催产素缓慢释放，而这是一种增进男女亲近感的激素，能够有效改善夫妻关系。

我们现实生活中的性爱并没有影视剧中那么完美，不要总想着高潮的快感和高难度的动作，彼此间说说悄悄话，多一会儿拥抱，少一些急切，都会让性爱充满温情。学会轻柔触摸，小心而缓慢，仔细而温柔，头发、肩膀、背部……一方在爱抚时，另一方用心感受，两个人赖在床上度过一段慵懒且亲密的时光。这样的慢性爱既可以让整个过程变得充满期待，还可以让彼此感受到生命的丰盈与快乐。

两情相悦，幸福的慢生活

唉！每次都是这样，完全不管别人的感受！

在男人为主导的性爱中，有相当一部分女人的性需求被忽视，直接导致了她们性体验的不完全，进而无法触及较高境界的性爱体验和感受。

都老夫老妻了，哪还那么多讲究。

男人在性爱活动结束后，对女人进行温柔地抚摸，或者轻轻地握住她的手，或者深深地拥抱着她，抑或在她耳边说些缠绵的情话，都会给女人带来愉悦的身心体验。

春风一度的温柔后戏

男人来自火星，女人来自金星，各自的世界有着太多的差异，在性爱这件事上，男女的理解也是自有其道、大相径庭。据相关研究显示，女人对性不是单一的诉求，而是希望通过性与伴侣之间建立稳定而长久的亲密关系，而男人很多喜欢性刺激带来的那一瞬间的快感，所以会有"男人因性而爱，女人因爱而性"的说法。

谈到男人和女人在性需求上存在的巨大差异，不得不提到男女在性唤起上的不同。美国密歇根州心理学家、性治疗师寇特博士曾对此有过极为经典的言论："男性就像灯泡一样，打开开关，它会迅速转热；而女性则像一块铁，光打开开关还不行，必须一等再等，才会看到她慢慢变热。"这几乎是众所周知的客观事实，正是基于这种快慢差别，导致男人和女人性生活的高潮感受时段大为不同。

男人在见到女人的裸露身体的一瞬间，便可以激发出性欲望，由于男人的性唤起来得很快，自然就去得也快，即只要性爱活动一结束，他的性感觉几乎就同时消失，然后能立刻切换到正常频道，去做与之完全不相关的事情，比如抽烟、看电视、睡觉等。

据美国世界人类性学研究院一项调查数据显示，在夫妻完成性生活后：65% 的男人会去找东西吃或喝饮料；32% 的男人马上躺下调整呼吸或抽烟；17% 的男人很快进入梦乡；14% 的男人立刻起身去上厕所；9% 的男人选择去淋浴；还有 2% 的男人准备开始再一次。综合起来，72% 的男人忽略了性爱后的这段时间。同时，性医学家进行的一项调查还发现，不管是西方，还是东方，男人似乎都很缺乏"后戏"这个概念，日本有 40% 的男人在性爱过后对妻子没有任何温存的表示。

其实，性爱的终极快乐是享受心理和精神的快感，而男人们最乐在其中的身体快感只是心理和精神的载体，甚至是副产品。但在现实生活中，许多男人都只想得到身体的快感，甚至有时候为了追求那一瞬间的巅峰，连身体的快感都会大打折扣。他们经常应付差事般地完成前戏后，就迫不及待地用各种方式刻意延长性爱时间，只为一展男性雄风，却忽略了整个身体的感觉，必然会影响到高潮的体验。

德国一项医学研究显示，性爱只宜慢慢来，操之过急对身体健康极为不利。报道称，德国蒙斯特神经研究中心神经医学家斯特凡·埃弗斯研究发现，性生活时过分"猴急"的人，血压提升过快，容易在性爱过程中及之后发生突发性偏头痛。最常发生这种情况的人，年龄在 25—50 岁之间，男性出现这种情况的概率比女性高 3 倍。实际上，高潮时严重的头痛，有可能增加今后突发心脑血管疾病的风险。

然而对于女性来说，她们由于性唤起来得慢，需要甜言蜜语、爱抚、灯光、音乐等的配合，才能逐渐进入状态，也就是人们常说的所谓"前戏"。与之相应，来得慢，去得也慢，性爱活动结束后，女人会希望男人继续温柔地抚摸她，轻轻地握住她的手，或者深深地拥抱着她，也可以在她耳边说些缠绵的情话，那一刻连空气里都弥漫着爱的气息，这样的销魂感觉和迷离情境，很难刻意去营造，完全取决于伴侣们内心的真实流露。

这就是所谓的"后戏"，它能帮助女人在爱的包围中逐渐平静下来。不要小看这段时间，它可以给女人带来超乎寻常的愉悦感，深爱女人的男人一定不能忽略这一黄金时段，即使是几分钟的爱抚也会带给她非常好的体验。在那样的时刻，人们不再只是在身体上感受到爱人，还会在心理和精神层面与爱人同在，让彼此在身体、内心和灵魂三个层次得到契合和连接，这样的精神交流将驱散人的深层孤独感，使人深切感受到彼此心中的存在感。

20 世纪 60 年代，美国性学权威专家马斯特斯和约翰逊就曾提出了性的四周期反应理论。他们认为，一次完美的夫妻性生活应该包括兴奋期、持续期、性高潮期和消退期。如同欣赏一曲交响乐，激情前戏就是序曲，而温柔后戏则是结尾，如果乐曲过了高潮突然中断，肯定会让人感到意犹未尽，缺乏余味。

这段最为荡气回肠而又松弛宁静的收尾乐章，虽然没有性爱高潮迭起时的磅礴气势，但当你开始慢慢品尝时，却能体验到一种余味犹存的心理和精神快感。所以，男人们请谨记，当你完美画上性后戏的句号时，这一次的使命才算真正完成，这样的夫妻生活才能够称得上是精彩绝伦的。

第六章

红灯亮起，走出血雨腥风

七年之痒

有人说，爱到七年走到终结，是因为人体的细胞会新陈代谢，由于不同细胞代谢的时间和间隔有所不同，将一身细胞全部换掉，需要七年。 也就是说，在生理上，我们每七年就是另外一个人。 你还是你，但你也不再是你。 七年时间，全身细胞都会焕然一新，所有的难过和开心，都能全部推翻重新来过。

这样的说法听起来颇具浪漫主义情怀，还能为婚姻的"七年之痒"找到一个既美妙又科学的理由，让身处其间的人们能够轻松释怀，原来眼前的你，已经不是曾经的你，难怪现在的彼此看起来如此陌生，就像人们常说的"最熟悉的陌生人"，这一切都是正常生理现象所致，不必再为它暗自神伤、如临大敌。 其实，事实并非如此，这看起来很美的解释，只是一个美丽的流言，不能信以为真。 人体的细胞确实有新陈代谢，但不同种类的细胞寿命差异很大。 至于所谓的"七年之痒"，更是和细胞的寿命没有关系，它只与捉摸不透的人性有关。

还记得那首脍炙人口的《最熟悉的陌生人》吗？

"是爱让彼此把夜点亮，为何后来我们用沉默替代依赖，曾经朗朗星空，渐渐阴霾，心碎离开，转身回到最初荒凉里等待。"

当初最熟悉的那个人如今变成最陌生的那一个，怎能不令人黯然神伤，肝肠寸断？

　　作家权聆首部电影作品《忘了去懂你》，由陶虹、郭晓冬领衔主演，讲述了一对夫妻"七年之痒"的悲欢离合。

　　重庆白沙镇，陈雪松与丈夫蔡伟航如同小镇上的大多数夫妻一样，七年的婚姻早已被孩子教育、亲属关系这样的生活琐事打磨得失去了光彩。

　　在喧闹肮脏的小镇街道上，陈雪松经营着一家破败的名为"美好"的小超市，但是从女主每天的生活和状态来看却没有发现丝毫美好的存在。她每天在店里除了看电视，就是趴在柜台上睡觉，整日浑浑噩噩，眉头间尽是若隐若现、难以抚平的皱纹。那是对逼仄生活的真实写照，也是精神倦怠的外溢。她生活的无望、绝望和希望，就在睡觉和被叫醒之间循环往复。

　　经常到她店里换零钱的出租车司机吴彦君，对陈雪松不断示好。经常借换零钱的机会在柜台跟陈雪松像小夫妻一样打个情，骂个俏。每次看到吴彦君，她都会问一句："有什么新闻吗？"这逐渐成为他们之间打招呼的独特方式，也是陈雪松表达向往改变的唯一渠道。

　　她的丈夫蔡伟航一脸黝黑，英俊帅气的外表已不知所踪，脑门上"我没用"三个字却清晰可见。他是一家家具厂的木匠，最近因工厂停工，开始四处联系老同学，想尝试自己开工厂做贴牌家具。蔡伟航一心希望依靠自己的努力挣钱养家，整日为事业奔波应酬，却苦于资金问题，日渐陷入迷茫与焦灼。

一天，他到网吧上网，看到当地论坛的一个热门帖子。讨论的正是妻子陈雪松与地产大亨杨九成的过往情史。蔡伟航心生醋意，一脸不满地回到家，面对妻子没一点好脸色。两人互相猜忌，偷偷查看对方的手机，与此同时，电影同期画外音是电视剧《潜伏》里的对白，暗示着两人的婚姻关系像间谍一样，已经成为最熟悉的陌生人。

小镇消息传得很快，工友在蔡伟航面前嘲笑他不如杨九成，蔡伟航在小超市又撞见吴彦君与妻子的暧昧。气愤、压抑的蔡伟航拉着陈雪松来到郊外工地，在杨九成巨大的海报下强暴了妻子。

当陈雪松找到杨九成借来 15 万元，为丈夫凑够建厂的启动资金时，蔡伟航却并没有介意这笔钱是从老婆旧情人那里借来的，理所当然地收下了。他人性中所有的污浊在这一刻喷涌而出。

吴彦君带着陈雪松来到一个荒废的剧场散心，为陈雪松唱了一首《传奇》。歌声响起，这个总被最亲近的人侮辱、被生活吞没到头顶但尚未完全沦陷的女人，从眼前这个男人身上找到了生活的支撑，内心也随之泛起了点点涟漪。她渴望得到这样的关注与理解。

陈雪松一直对吴彦君的情感没有回应，在刻意地回避着。直到她撞见蔡伟航在休闲会所找小姐，才对吴彦君回应了一个吻。她宁可自己在酒店住一夜，也不想回到那个让她绝望透顶的家。

当吴彦君要带陈雪松私奔的时候，她只是一言不发地摇头拒绝，他们的世界终究是不同的。她依然放不下那行将就木的生活，也没有勇气开始一段全新的未来，她就这样被悬置在绝境里无法自救。

吵架后的蔡伟航在家看结婚时的录像带，当时沉浸在欢天喜地中彼此相爱的两个人，经过生活细碎的蹂躏，如今已形同陌路。

电影的最后，蔡伟航听信了别人的流言蜚语，带女儿去做亲子鉴定。而陈雪松则提出了离婚。

影片中的那种令人窒息的炎热，似乎下一秒就能从荧幕中喷薄而出，把人身上最极致的烦闷躁郁的气质都释放出来，其实这些人物不只活在电影中，还活在真实生活里。并非是靠单纯的剧情勾勒出角色的情绪，而是让剧情与观众的联想一起创造情感的膨胀。那种冲动的言论不是对陈雪松说的，而是对见过的所有似曾相识的女人说的。对蔡伟航的不满，也是对所有见过的想爱，又因为莫名其妙的自尊心不懂得爱的男人说的。

《忘了去懂你》的最大魅力就在于对人物刻骨的现实描述，它带来的警醒是如此清晰可见。人在变，世界也在变，所以我们渐渐忘记了去懂"你"，渐渐越来越陌生，越走越远。我们不知道人与人能走多近，人与人又能离多远，最亲近的人会有多深厚的隔膜，最不可能的人又会有多痛彻的爱意。 我们会对消失的城镇陌生，也会对已经变化的白沙镇陌生。 白沙镇是这个世界的缩影，而小人物则是我们自己的缩影。

从这些小人物的角色中，我们看到了那些有缺点的芸芸众生。 在学校门口接孩子的爷爷奶奶，在超市里闲逛的夫妻，甚至于自己身边的亲人，他们可能都曾经相爱相依过，但那种温暖的气息多年以后，只有在某个深夜、某个梦醒时分才有被触及的可能。

三毛曾在《雨季不再来》中说："有时候，我多么希望能有一双睿智的眼睛能够看穿我，能够明白了解我的一切，包括所有的斑斓和荒芜。 那双眼眸能够穿透我的最为本质的灵魂，直抵我心灵深处那个真实的自己，她的话语能解决我所有的迷惑，或是对我的所作所为能有一针见血的评价。"

这些赤裸裸的需求，就是多少人穷其一生对"我懂你"的追求。 婚姻最大的敌人是琐碎的生活，唯有彼此救赎，彼此互懂，才能止住这令人厌倦又无可奈何的"七年之痒"。

红灯亮起，走出血雨腥风

世界上最遥远的距离，不是生与死的距离，而是我就在你面前，你却在玩手机。像这样只有躯壳，没有灵魂的陪伴怎能称得上陪伴！

对于婚姻中的我们，请抬起头，用温暖关爱的眼神看看眼前的家人，给他们留出时间，用心去呵护和珍惜真正需要真爱一生的人。

最易插足婚姻的"手机情人"

很多人都认同夫妻相处，陪伴是最长情的告白。的确，能够花时间陪在彼此身边，确实是最温暖的承诺，也是爱情和婚姻里最真实的一面。无论再怎么争吵，能够相守陪伴一辈子，老的时候有个伴，那就是幸福，是再多金钱也换不来的。但是真正的陪伴不是仅仅用时间就能够衡量的，现在有多少夫妻长期同居一室，表面看起来是长相守，心里却都感到寂寞寥寥。因为陪伴质量比陪伴形式和时间更为重要，这是从量到质，从外表到内心的飞跃。

一个朋友在谈到她和丈夫的婚姻时，面无表情地说："我现在和他一天也说不了三句话，每天下班回家他要不就躺在沙发上刷手机，要不就回到卧室玩手游，还经常对着手机一个人没完没了地傻笑，笑得让人心寒，听着让人恐怖。一个下了那么大工夫追来的媳妇，时至今日居然都不如一个手机诱人。每天陪他到三更半夜的是手机，早上第一件事就是眼没睁开，先摸到床头的手机。一天24小时，除了洗澡、睡觉几小时以外，其余时间都是手机片刻不离身，有时候真的是拿着手机睡着的。我就想，他为什么要娶我，直接和手机结婚多好，反正他天天恨不得抱着手机睡觉。"

世界上最遥远的距离，不是生与死的距离，而是我就在你面前，你却在玩手机。正是对这场景的真实写照，像这样只有躯壳，没有灵魂的陪伴能算得上是陪伴吗？相信现在像这个朋友所谈到的情形毫不夸张，随着智能手机的日益普及，很多人的生活正在被手机所吞噬。人们把越来越多的时间消耗在网络虚拟信息中，微信、微博，以及各种APP软件，在为人们提供方便的同时，也让更多的人深陷其中，无法自控。

本来只是为了提高人们生活品质的智能手机，现在却成为不折不扣的"手机情人"，占据了大量本来应该属于爱人和亲人之间沟通的时间。迷恋"手机情人"对夫妻关系的破坏力，有时比真正的第三者还要更为直接和严重，堪称"婚姻杀手"。一是它的影响会时时刻刻存在，而且就堂而皇之地在两个人面对面的时候出现；二是它不会受到社会约束和监督，只能靠自律和夫妻之间达成共识来加以调和。所以，这种高度私密的行为，对婚姻的破坏力就像慢性病，不会即刻置人于死地，但会长时间地消耗和磨损两个人的爱情与婚姻。

这种把大量时间花在手机上而影响婚姻质量的事情每时每刻都在你我身边发生，或者可以说当下每一个家庭或多或少都会受到影响。

继续刚才提到的那位朋友，有一天清晨，不到6点，我的手机连续进来了十几条微信，我迷迷糊糊地打开手机，原来都是朋友发来的"出轨证据"——她丈夫和别人聊微信的截屏，看着她老公在微信里说的那些甜言蜜语，我就像被打了一剂强心针立刻惊醒了。朋友接着用文字控诉着丈夫的斑斑劣迹、种种罪行。

"我这段时间就觉得不对劲，他每天抱着手机聊天，我以前对他多信任，从来没怀疑过他，也没想过要查他手机。今天是我要查这期信用卡的还款情况，想着自己看一眼还了就行了。谁知他把手机解锁密码改了，我的第六感马上启动，一定有问题，好在对他还是足够了解，密码试了几次就解锁了。打开就让我看到了这满屏的污言秽语，真是太恶心了！现在别说对我说些腻人的话，可以不夸张地说，他连基本的日常用语都懒得张嘴！以前不离不弃叫夫妻，现在不离不弃叫手机……"

看着朋友大段大段的文字通过网络瞬间来到我眼前，我不禁心生感慨，这些聊天软件的设计初衷是为了拉近人与人之间的距离，可现在拉得最近的好像是和陌生人之间的距离，夫妻间的距离却因此而变得越来越疏远。平时看着很多人拿着手机和别人聊天，说着甜蜜的情话，露出迷人的微笑，谁又能知道网络那一端牵引他的是不是另一半呢？

"手机情人"破坏的又何止是夫妻间的感情，有时还会因为手机给整个家庭带来灭顶之灾。多少家庭因为不分场合地看手机，一时疏忽，而让意外夺走了孩子们幼小而宝贵的生命：青岛海边，由于妈妈低头玩手机，没有发现海边的险情，致使8岁的双胞胎女儿全部溺亡；贵阳6岁男孩在游泳馆溺亡，事发时妈妈在一边玩手机，浑然不知儿子已溺水身亡；安徽六安一小区内，由于处于轿车盲区，2 岁的涵涵被碾压身亡，而此时家长正在一旁看手机……这样的人间惨剧何时才能够停止！ 这些承受着失子之痛的夫妻，他们的婚姻是否还能继续维持下去，我们不得而知，但为了玩手机，使一条又一条鲜活的小生命转眼间消失在这繁华的世界中，实在让人黯然泪下。

但是，摧毁婚姻和生命的真的是手机吗？ 不，摧毁它们的是人的心，是那颗膨胀不安、缺乏自律又胆怯懦弱、对爱不忠的心。 深陷手机世界中的人，大多是不善于合理规划自己时间，生活缺少目标，心灵空虚，却又不想承认的一群人。他们需要依靠虚拟世界为其提供的精神"养分"，才能遮掩他们真实的寂寞和不得志。 同时，他们对自我的驾驭能力和自控力又都较差，喜欢得来全不费功夫的轻松与刺激。 对应该珍惜的人和事，却因近在眼前，而不懂得去珍惜。 殊不知，待到失去再想回头，只会剩下"无可奈何花落去，似曾相识燕归来"的悲凉景致。

所以，婚姻中的你我，请抬起头，用温暖关爱的眼神看看眼前的家人，给他们时间，用心去呵护和珍惜他们。 不要让手机成为"杀手"，毁掉你们本已拥有的幸福和安乐，也不要让手机变成你们之间冷冰冰的第三者。

给离婚一个冷静期

2018 年 8 月 27 日，备受社会关注的民法典各分编（草案）提请十三届全国人大常委会第五次会议审议，其中草案新规定了一个月的离婚冷静期，在此期间，任何一方可以向登记机关撤回离婚申请。

人们常说世上没有后悔药，而"离婚冷静期"的设置就是给不少濒临破裂的婚姻，准备了一剂为期 1 个月的"后悔药"。为冲动型离婚提供了缓冲地带，为破碎的婚姻提供了修复的机会。

之所以要在民法典草案中规定离婚冷静期，与当前不断攀升的离婚率，以及越来越多的闪婚闪离现象密不可分。根据民政部统计数据，我国离婚人数已连续 14 年增长，自 2002 年的 117.7 万对增至 2016 年的 415.8 万对；2017 年上半年，全国有 558 万对夫妇结婚，同时有 185 万对夫妇离婚。

之前有报道，一对年轻夫妇前脚领完结婚证，后脚就要闹离婚。出现这种现象的原因，除了现在"80 后""90 后"独生子女进入婚恋期，他们大多是"双独婚姻"家庭，夫妻双方都是独生子女，个性要强又自我，缺少宽容，也缺乏经营婚姻的耐心和信心外，还由于中国是现在世界上离婚最容易和成本最低的地方之一。在很多国家，离婚并不是一件很顺畅的事情。

美国的普通离婚程序中，需要经过 6 个月的等候期，离婚手续才会办理完成，夫妻关系才可以终止。 英国法律规定，婚姻当事人一方或双方作出离婚声明后，要经过 9 个月的反省与考虑期后，如果离婚申请人和当事人都认为婚姻无法维持，则准许离婚。 韩国为遏制不断上升的离婚率，在 2005 年推出了"熟虑期"和义务调解制度，规定申请离婚的夫妇如有子女，必须经过 3 个月的熟虑期，如无子女，则熟虑期为 1 个月。

因此，给离婚程序制造一些障碍，并不能简单概括为"阻止离婚"，而是给夫妻双方一个再次理性选择的机会。 离婚冷静期与分居明显不同，分居被打上了太多的负面烙印，而离婚冷静期则显示出夫妻双方对婚姻更为谨慎和积极的态度，更重要的是体现出双方对婚姻的责任感，包括对爱人、对孩子，以及对老人的责任，通过这一期间的调节，能够最大限度地把对彼此和家人的伤害降到最低。

近年来，离婚冷静期的尝试，呈现出加速趋势。 比如，2017 年 3 月，四川省安岳县人民法院发出该省首封离婚冷静期通知书。 2017 年 7 月，陕西省丹凤县人民法院庾岭法庭发出陕西省首份离婚冷静期通知书。 2017 年 10 月，山东省济南市市中区人民法院在全市首推离婚冷静期制度。 2018 年 7 月 16 日，广东省高级人民法院发布《广东法院审理离婚案件程序指引》，首次对离婚冷静期作出完整规定等。

从过往的实践看来，离婚冷静期的设置，的确起到了一定效果，进入到这一冷静期的夫妻，很多最终会渡过危机，继续经营自己的婚姻。四川省安岳县自试行离婚冷静期后，有90%的夫妻到期后没有再提出离婚。2019年初，厦门市集美区的一对夫妻在提出离婚申请1个月后破镜重圆。

2019年元旦过后，集美居民罗先生到集美区法院起诉离婚。他在起诉状中写道："妻子无法与我八十岁高龄母亲相处，我们经常发生争吵。"

庭前调解阶段，承办法官了解到，罗先生与妻子刘女士系再婚，两人婚后育有二女，大女儿不足5岁，小女儿才2岁，均需要抚养。一提及孩子的抚养问题，刘女士便忍不住地抹眼泪："我平时既要照顾孩子，还要开店经营，他不仅不体谅我，还经常因为家庭琐事，站在他母亲的立场来指责我。"

法官了解双方感情经历与生活现状后认为，夫妻两人其实为对方和家庭付出都很多，只是因为婆媳争吵才导致起诉离婚，明显带有冲动的情绪，双方感情并未彻底破裂。因此，法官在疏导双方情绪的同时，给予双方1个月的离婚冷静期，引导他们冷静思考婚姻中存在的问题，学习相互体谅与感恩。

1个月后，承办法官再次通知双方到法院接受调解，夫妻二人已经重归于好。罗先生说，感谢法官的耐心疏导并给予冷静期，家人之间慢慢学会了相互体谅，今后要努力把日子过好。

同年3月初，罗先生正式向法院提交了撤诉申请。

　　民政局每天来来往往有那么多离婚的人，有多少是真的再也过不下去的夫妻呢？ 丈夫与妻子唇齿相依，难免会有磕碰。 像上文中的罗先生和刘女士如果没有离婚冷静期，肯定已经劳燕分飞。 两个人在这段时间里懂得了宽容与理解，相信也想起了很多过往的时光，怀念从前的好，怀念对方的好，怀念家庭的好。 过去的那些幸福瞬间，带来爱的感觉的瞬间，随着彼此间的冷静重新回到心间，走回到一处。

　　美国心理学家戈特曼曾经说过："再好的婚姻，一辈子也有 200 次离婚的念头和 50 次掐死对方的冲动。" 如果两个人都坚持做原原本本的自我，遇到摩擦碰撞不肯退让，遇到争端冲突不肯妥协，那么只会加剧两个人的矛盾，固执下去，只有离婚一条路。

　　对于大多数人来说，当年喜欢的那个人，脾气温和，性格开朗。 但婚后，你突然觉得，他的温和更多的是因为没有触及他的底线，也许有一天你会被他青筋爆出地大声呵斥而吓到。 于是你开始深思，他竟然还有这么狰狞的一面，不禁怀疑自己是否真的认识这个人。 终于在一次吵架的时候，你忍无可忍，对着他道出了心声："我当初真是瞎了眼，才和你在一起，离婚！"

　　俗话说冲动是魔鬼，这句话放到任何场合都适用。 一句争吵后喊出的"离婚"，有多少一时冲动在里面，给离婚一个冷静期，就是要给婚姻加一道保险，多一次选择机会。 常言道一日夫妻百日恩，就算彼此自认为感情已经走到了尽头，内心还是会挣扎和痛苦一阵子，而这段时间正可以作为过渡和适应期。 特别是对于女人来说，一旦碰到离婚，能够从这件事中彻底抽离出来的时间会更长。如果有一个离婚冷静期，可以更为平稳地软着陆，避免造成心理上的严重创伤。在缓解夫妻矛盾的同时，也可以给家人提供一个缓冲和适应期，一般刚刚离婚的夫妻双方为了孩子的成长和老人的身体，都会善意隐瞒，现在则可以在离婚还没有成为事实之前，试探性地传达给家人一些信号，有助于夫妻对离婚有一个多方面、全方位的周全考虑。

为时一个月的离婚冷静期，能让我们看清自己的婚姻到底应该继续前行，还是各奔东西。更重要的是，在这段时间里，可以理顺思路，重新认识彼此和婚姻。它是离婚的一个缓冲地带，可以缓冲婚姻危机，给双方一个冷静期，以便做出更加理性的选择。

除了那些能重修旧好的夫妻以外，在现实生活中，还有一些夫妻尽管磕磕绊绊，甚至出现家暴等婚内恶性事件，彼此早就心已空，爱已亡，却还非要捆在空壳的婚姻里，让两个人每天都活在伤痕累累的阴影中。人生短暂，但也有几十年光阴要度过，与其在一起饱受煎熬，度日如年，不如给彼此一个重新选择的机会，重新出发，找到余生真正的幸福。而这时的冷静期则可以帮助双方调节婚姻解体后的心理状态，将离婚的伤害降到最低，使彼此能够"好聚好散"。

破镜能够重圆

　　婚姻里最怕的是什么？ 不是捉襟见肘的经济状况，更不是缺乏惊喜的平淡生活，而是另一半的移情别恋。

　　面对已有裂痕的婚姻，是否还能破镜重圆？ 也许你认为，破镜还要重圆的婚姻太没意思，就算粘得再好，外面也会留有触目惊心的裂痕，而心里同样会留下挥之不去的阴影，那些男女理应让他们在痛苦中生活一辈子，绝不能给他们任何回头是岸的机会。 我曾经也喜欢这样快意恩仇的气魄，但走过千山万水，看过人生冷暖，不愿再站在道德的制高点上，对他人的婚姻妄加评论和指责。 因为人生不是非黑即白，非对即错的简单二维世界，人生和人性都极为复杂，绝不能一概而论。

　　镜子本就是易碎品，一不小心摔碎了，除了急于扔掉，还有一个解决问题的办法，就是用强力胶把它一片一片粘起来。

　　虽然重新粘好的镜子不复从前的美观，但你会发现，它比之前多了几分韧性，变得更加牢固，抗摔打性也有所提高。因为有了黏合的力量，每个碎片都紧紧地团结在一起，外力再也没有那么容易侵入破坏到它们。

　　婚姻亦是如此，没有经过加固的婚姻很脆弱，不牢固，是一件需要小心呵护的易碎品，稍有些风吹草动就会吹出伤痕，甚至直接被外力打破。当婚姻破裂后，所有问题都像镜子的碎片一般显现出来，每一片都闪着刺眼的光，每一片都割着爱人的心。面对一地狼藉，是否收拾旧好？捡，怕扎手，更怕扎心；不捡，它们就这样躺在大庭广众之下，嘲笑着你的软弱与失败。

如果不想解决这些问题，可以像处理打碎的镜子一样处理掉你的婚姻，所有问题连同破碎成片的婚姻一同丢进垃圾桶，开始寻找一面新的镜子。但你是否考虑过，即使寻找到下一段感情，同样的问题很可能还会再次重复出现？

很多婚姻在面对"破镜"之后，男人不愿解决问题，躲在另一段感情里寻求庇护，是逃避心理；女人不愿面对问题，像鸵鸟一样把头埋进沙里，是畏惧心理。其实，他们都怕自己受到二次伤害，谁也不愿鼓起勇气去重拾满地的碎片。

但昏暗的生活中总有例外和惊喜，自带光芒的一种人，他们会在满地碎片中艰难起身，因为不舍得放弃，所以会主动把这些问题碎片一一拾起，再一一黏合。在不断拾起和黏合的过程中，问题一天天变少，矛盾一天天化解，夫妻间的黏合力却一天天增强。最后，也许他们都不敢相信，婚姻这面镜子竟然真的可以恢复如初。虽然，镜子上有斑驳的伤痕，虽然，它不似从前那般完美无瑕，但由于两颗心的黏合，它的稳固性较之从前有了极大的增强。当他们的婚姻再次遇到坎坷和危机时，因为彼此间的心意黏合，会无形中加强婚姻原有的承压性。

第七章

执子之手，共你一世风霜

最简单的仪式感是牵手

仪式感一词，现在经常被人们提及，恋爱需要仪式感，婚姻需要仪式感，育儿需要仪式感，工作也需要仪式感，总之，它犹如万金油一般存在，可以渗透到各个领域的各个角落。

而在婚姻中，它背后所隐藏的深层含义，也并非像有些人所认为的那样：这不就是矫情的形式主义嘛！已经被废弃的东西，怎么又死灰复燃，成为主流文化了呢？其实，形式主义和仪式感根本无法同日而语，两者最大的差别在于"心"。形式主义是做给别人看的，而真正意义上的仪式感，是发自内心的认同，是我愿意为你花时间，我真的在乎你的一种真情流露，它动的是情，走的是心。它的背后包含着我们强烈的愿望，而走心的仪式感，会让对方实实在在地感到被爱与被珍惜。正如村上春树所说："仪式是一件很重要的事情，如果没有这种小确幸，人生只不过是干巴巴的沙漠而已。"

婚姻中的仪式感可以称得上幸福家庭的顶级配置，每年的生日、情人节、七夕节、结婚纪念日、三八妇女节，甚至六一儿童节，只要想过，都可以把它们变成自己的节日，精心应对一番，而这些特意创作的仪式，最终会构筑成整个家庭生命的意义。既然仪式感如此重要，我们应该将它彻底融入生活中，给平淡的日子加一抹新鲜和温存，相较于用尽心力的各种表现恩爱的方式，牵手应该是夫妻间最庄重，也是最简单的仪式感。

在春寒料峭、乍暖还寒的初春时节，一个女人没戴手套，右手拿着手机，左手被男人紧紧握着，之后很自然地放到了男人右边的大衣口袋里，让人看着都觉得暖到心坎。我们常用牵手来表达关系的确认，用分手来表达关系的结束，牵手在夫妻之间有着极为特殊的含义，正像《诗经》中所写："执子之手，与子偕老。"牵着彼此的手慢慢变老是一种既平凡又浪漫的诉求，也是一种我们永远在一起的宣言和象征，更是彼此相陪一起，看云淡风轻、细水长流的爱意人生的写照。它所展示出的不仅是爱人间的心有灵犀，更是患难时的支撑与责任。

2018 年纪录片《生门》，用从未有过的真实讲述着生命不可承受之痛。曾有过一句很流行的话："你连人都没生过，还谈什么人生。"看过这部片子，才深刻体会到这句话中的每个字都是血淋淋的现实。一般来说，大多数没有生育过的人，对生孩子仅仅停留在"知道"的层面上，至于痛苦到何种程度，谁都无法感同身受。用听说过的一个生动比喻来形容，当女人生孩子时，要承受的痛楚，大概是碎了 20 根肋骨的样子。毋庸置疑，这是一个女人一生中最紧要，也是最脆弱的时刻，作为丈夫伸出一双本该伸出的手，来回馈和支撑这个为了延续你们共同血脉，并以命相搏的女人，难道不是理所应当吗？

夏锦菊，33 岁，凶险性前置胎盘。这是她第三次剖官产，胎盘长在了上次剖官产的手术切口上，并且胎盘超出了子宫，进到了膀胱。生产过程中一不小心就会大出血，危及生命。

　　由于情况复杂凶险，夏锦菊老家的县医院天天往外赶这个"定时炸弹"。无奈之下，夏锦菊转入武汉中南医院，手术进行得很顺利，仅用 15 秒钟孩子就成功降生。而此时，夏锦菊却突然出现了大出血，几乎是一瞬间，出血量就达到了 2000 毫升，医生出去告知夏锦菊的父亲，手术进行到目前，她的出血量已经达到了 7000—8000 毫升，也一直给她输血，相当于她全身的血换了 2 次。为了保住性命，建议切除子宫，父亲颤抖着在手术单上签下名字，转身在手术室门前的椅子上掩面痛哭。但手术室里的夏锦菊却犹豫了："我才 33 岁，医生你能不能再努力一下？"面对病人的苦苦哀求，医生难以抉择，但为保性命，她的子宫最终还是被切除了。

　　手术一共进行了 3 小时 50 分钟，夏锦菊心脏一度停跳 2 次，出血量达到 13000 毫升，相当于全身的血换了 4 次，老父亲在手术室外心急如焚地等待了近 4 个小时。

　　从手术室出来，夏锦菊立即被转去 ICU。5 天后，她醒了过来，依然还是父亲一遍遍地按摩着她因疼痛而痉挛的手，抚摸着她的额头。术后 11 天，夏锦菊终于从 ICU 转到了普通病房。九死一生的她，挺了过来。为了这个孩子，她死了 2 次。

　　经过"生门"一役，我看到了女人的强大和脆弱，她为了腹中的孩子可以不顾一切，甚至以命换命。女人的感情向来比男人更为细腻丰富，她们更看重和在乎的不是富足生活里的锦衣玉食，而是灾难来临时的患难与共。

婚礼现场，其间最有仪式感的一幕，不是入场，不是主婚，不是敬茶，也不是各自宣言，而是父亲牵着女儿的手走过一段长长的红毯，最后在百感交集中把女儿的手交付到新婚丈夫手上。这是最打动人心的一刻，那说长不长、说短不短的红毯距离，就像将养育女儿的历程重新走过一遍。那时的父亲心中想些什么，我们无从知晓，但我们所能听到和看到的是，有多少父亲在那一刻都会声音哽咽，泪洒现场。这样的一个小小细节，其实就是人生的一场交接仪式，父亲将那个他宠爱了几十年的"小棉袄"，从他手中郑重地托付给另外一个男人，让他牵着她的手，照顾她、保护她，开始全新的一段历程。这，便是赋予牵手最深远的意义——此生托付，务必珍惜。

我从未羡慕过在街角路边亲吻的年轻情侣，却由衷向往那些在古稀之年却仍会在街头巷尾牵手的老夫老妻。令人遗憾的是，很多人在生活的琐碎中磨失了曾经的纯净初心，将这种相扶到老的朴素追求完全淹没在日复一日的柴米油盐之中。其实，牵手带给我们的绝非仅仅是一种习惯，它更能反映出每个人当下真实的心理活动，它的神奇之处就在于，看得见、摸得着、感受得到，也因此比语言来得更加真实可靠。

几年前，美国科研人员对世界长寿老人的调查表明，老寿星很多都是恩爱夫妻，并有一个共同习惯——牵手。而日本厚生省的人口调查也显示：离婚、丧偶者与和睦美满、经常牵手的夫妻相比，女性寿命平均少 5 岁，男性寿命平均少 12

岁。因此，专家指出，牵手不仅仅是一个简单的动作，也是一种肌肤相亲、互相搀扶和相互关照，更重要的是，牵手可以拉近夫妻之间的心灵距离，这样有利于避免恶性情绪的刺激，增强机体免疫力，延缓组织器官老化。

婚姻关系的好坏可以从很多角度评判。言语也许能欺骗、隐瞒，肢体却能诚实地表达。近日，美国《女性健康》杂志刊文，对牵手等常见肢体语言反映出的婚姻关系状况进行了分析。

婚姻治疗师、美国密歇根州奥克兰大学泰瑞·奥尔布奇教授表示，牵手看似普通寻常，却并非所有夫妻都会做。他解释说："牵手表明婚姻中两人身体亲昵、情感亲近且生活幸福。"当夫妻二人关系不是很和谐，或者一方对另一方感到不满时，就不会牵手。

两人的牵手方式也很能说明问题。如果双方十指紧扣，且走路时身体贴得很近，肩膀碰到一起，意味着夫妻很幸福、很亲密；若牵了手，但握得不紧，或仅仅拉了几根手指，身体间空隙很大，表明夫妻只是做表面功夫或心存芥蒂。

我们都懂得，越是亲密的人，越容易产生冲突，但认真牵手所带来的仪式感，却能将对方以最简单的方式拉回正轨，让对方明白，你在用心维护着一段感情，用心经营着彼此的婚姻。当两个人的生活被日复一日的平淡给慢慢磨掉光芒的时候，好好牵手能提醒你，在锅碗瓢盆的一地鸡毛之中，你们的爱情仍在发光发热。

长相知，不相疑

席慕蓉在《一棵开花的树》中深情地写道："如何让你遇见我，在我最美丽的时刻。为这，我已在佛前求了五百年，求他让我们结一段尘缘。"两个不相识的人能在芸芸众生中找到彼此，相约共度一生，是天赐的良缘，理应珍惜这来之不易的情缘。而维系这份情缘的基础，就是信任，"结发为夫妻，恩爱两不疑"，这是两颗赤诚之心的此生相托。

夫妻间能做到"长相知，不相疑"，既是对自己感情和婚姻充满信心的表现，也是婚姻双方真诚与信任、宽容与理解的表现。爱情和婚姻需要依靠双方共同经营，信任同样也要依靠双方共同维系。作为家庭婚姻中的一方，要想获得"长相知，不相疑"的幸福，首先就是信任。充满信任的家庭，生活起来会更加轻松和愉悦。夫妻间的结合，必须要把相互之间的忠诚与信任紧密地结合在一起。

一对男女在结婚时订立了唯一一条约定："互不追问，决不背叛。"这两条约定实在精妙，令人忍不住拍手叫绝，"互不追问"表明夫妻双方的信任感；"决不背叛"则表明了夫妻双方的忠诚度，而两者结合起来，缔造出的是一种最完美的夫妻关系。如果说"互不追问"是对彼此间的一种绝对信任，"决不背叛"就是获得信任的首要条件。

执子之手，共你一世风霜

嘿！你没看见家里还有一个大活人呢吗？还有你的鞋，能不能别总乱扔！

我每天又上班，又做家务，又伺候你们爷俩儿，都不像你这样！

我今天有点心累，想躺一会儿，鞋先放那儿，我待会儿收拾。

唉！

> 走进婚姻的男女，有多少都从曾经相看两不厌的顺眼，经过日积月累的琐碎消磨，变成了相看两厌的嫌弃。

嗯，有一个项目审批出了些问题，挺闹心的，我先躺一会儿。

没事儿，在沙发上躺会儿就行，辛苦你了！

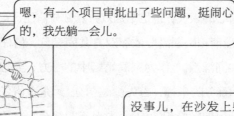

今天怎么情绪这么低落，是不是单位遇到了什么棘手的事情？

> 夫妻生活在一起，要想相看两不厌，既要把对方看在眼里，也要看在心里。如果能够做到用心看待对方，那么两个人的相处，自然会如初恋般越看越顺眼，越看越和谐。

好！要是沙发躺着不舒服，就先回卧室休息会儿，还得半个多小时才能开饭，饭熟了我叫你。

这样的智慧条约，让我不禁想起日本名人夫妇，山口百惠和三浦友和的三条爱情誓约。对于年长的日本观众来说，有一个永远的偶像让他们挂念，她就是传奇偶像山口百惠，以至于之后出现的很多被看好的新人，都会被冠以"山口百惠接班人"的名号。这是寄托，更是追忆。而对于改革开放之初的中国观众而言，山口百惠是一个重要的日本文化符号，在那个文化匮乏的时代，一部《血疑》在当时制造出万人空巷的追剧壮举。剧中幸子（山口百惠饰演）和光夫（三浦友和饰演）之间的爱恨纠葛牵动了无数中国观众的心。

戏里，他们注定不能走到一起，戏外，他们却喜结良缘。山口百惠在事业的巅峰时期，以 21 岁的芳龄，宣布和三浦友和结婚，并正式退出演艺圈。这样石破天惊的决定让所有人震惊，让整个日本演艺界为之哗然，让不少人感到扼腕叹惜，直至今日已经过去了 30 多年，山口百惠也没有再复出。

三浦友和多年后回忆说："结婚是一种内在的气势，是想跟她在一起生活的强烈愿望，永远在一起，永不分离！这个想法超越一切！"

结婚后，三浦友和与山口百惠定下了三条誓约：三浦友和 51 岁开始戒烟；诚实做人，生活中不能耍滑头；不背叛百惠，绝不允许出轨。

他们以 30 多年的婚姻生活证实，彼此对这三条誓约都一一做到了。据说，这几十年来，一直守在他们家门口的狗仔，没有获得一条爆炸性的新闻，拍到的都是二人或逛超市，或散步，或一家人外出的恩爱照片。褪去了明星光环的山口百惠过着她想要的生活。

虽然山口百惠淡出演艺圈多年，但民众从未将她遗忘，由他们评选出的"名人理想夫妇"排行，她和三浦友和连续多年位于榜首。

三浦友和出版了一本名为《相性》的自传，讲述两个人的夫妻相处之道。相性，是一个日本词汇，为"缘分"之义，中文版在翻译过程中保留了这个书名。对于三浦友和与山口百惠来说，夫妻感情三十年如一日的秘诀就是"相性"。

回顾30多年来的婚姻，三浦友和说："我和她几乎没有吵过架。我们很讨厌吵架后几乎凝固的气氛。对于'吵了架之后才会发现问题增进感情'这样的说法，我们从不相信。因为吵架之后，谁都不愿意理对方……"不吵架的习惯是他们从结婚第一天起就养成的。三浦友和坦言，夫妻生活难免有磕磕绊绊、闹矛盾的时候，但关键是在出现吵架的苗头之前要马上忍住，而且要一退到底。同时，在日常生活中互敬互爱也很重要，"不能总看着邻居家的草坪比自己这一边更绿"。而夫妻相处的最大秘诀，三浦认为是"永远不能忘记两人最初走到一起时的那种美好感觉"。

三浦友和表示，妻子为了婚姻，为了家庭，为了我，放弃了自己如日中天的事业，这是一份沉甸甸的信任，那时他就领悟到了责任感："好像有个开关已经在我生命中打开。因为她说'不工作了'的这句话，不是为了别的，只是为了我这个男人！为了这个还算不上三十而立的男人，她放弃了已经拥有的一切，把自己的人生全部奉献出来，托付给我。哪怕是再迟钝的男人也会明白这样的重任，我当然要回应她：'好吧。我来干！'"三浦友和暗下决心，绝不能辜负山口百惠的这片深情，所以会时刻告诫自己，要遵守誓约，绝对不能出轨，即使不会被发现也不可以。他在书中写道："要是以为别人不知道就可以为所欲为，最终是会遭报应的。"

正是这样的"长相知，不相疑"，让他们在平淡的婚姻生活找到了属于自己的长久幸福，而这对明星夫妇眼中的幸福与我们无二："等到我们两鬓染霜，能对对方说'瞧，头发都白啦'，那我就心满意足了。"在接受采访时，山口百惠这样憧憬两人的晚年生活。

如今，人淡如菊的山口百惠依然能让人想起她当年在告别演唱会上哽咽着说："我爱的人是友和，我会努力地活下去，感谢大家容许我的任性，我会幸福的。"而她也做到了让自己幸福。

他们的爱情与婚姻如同"王子与公主"的童话一般，继续在人间真实地演绎着，真是看着让人喜，想着让人暖。要想做到如山口百惠和三浦友和那样的相知、相守，夫妻之间彼此深刻了解是非常必要的，要学会互相交流心事，有了误解要及时沟通解决。还要有豁达的心态，婚姻对双方虽然有着很强的约束性和制约性，但这并不代表完全的占有，并不等同于可以将对方视为自己的私有财产，只有把对方当作一个独立的人去感知、去爱，才能让彼此的爱健康成长。

此外，在婚姻中，只有对方在你身边感到安全和舒适的时候，他才愿意和你亲近，并与你坦诚相待。就像三浦友和眼中的妻子："她让人感觉很舒服……我们很合得来，我幸运地找到了最适合我的女子结婚……彼此之间有着非常坚实的基础和信赖感，正是有了内人的功劳自己才能够走到今天。"他们彼此信任、遵守承诺，才收获了一份让世人所艳羡的理想婚姻。

在现实生活中，夫妻之间如果没有信任，猜忌就会如同砒霜一样，即使没有谋害性命，也终将会谋害夫妻间的感情。婚姻中每多一分疑心，就会多一分伤害，它会像蛀虫一般，一点点蛀空感情的基础，导致婚姻走向解体。

在两情相悦、激情四起的恋爱之后，能永葆爱情纯度的良方唯有夫妻间的信任，信任就像时间所织就的一张网，只要网不破，便可以承受住婚姻里细碎的考验，享受相对美满的婚姻，这份美满来自一种对爱人百分之百信任的智慧，只有不相疑，才能长相守。如周国平所说："一个好的伴侣关系，应该是以信任之心不限制对方的自由，又以珍惜之心不滥用自己的自由。"其实，走进婚姻的两个人，最打动人心的情话大概就是那句："我爱你，所以我信你。"

保留各自的秘密花园

　　无论在婚姻，还是工作中，我们总会有意无意间受到伤害，这样的伤害一点一滴在内心不断累积，心理会慢慢发生改变，产生一些症状，比如，渴望独处、渴望从家庭或工作中出逃、渴望与陌生人交流，这些心理变化都表明你的自我正在被异化，也就是由于自然、社会以及人与人之间的关系对于人本质的改变，甚至是扭曲。

　　所以，经过一天的辛苦劳作，在傍晚拥挤不堪的地铁里，我们会看到许多人神情憔悴，面露倦容，与其说他们筋疲力尽，不如说他们的自我在职场中受到了伤害；而在休整一晚的第二天清晨，依然是在拥挤的地铁中，看到的许多人脸上会呈现出一种不同于傍晚的轻松和神采，与其说他们的精力在恢复，不如说他们曾经陷落的部分自我得到了短暂的修复。 我们每个人心中永远都藏有一个真正的自我，为了不将它遗失，要经常性地把它找回，否则就会陷入痛苦的旋涡中，无力自拔。

　　一位妻子说自己和丈夫仿佛永远喜欢在晚上 8 点左右吵架，因为那是他们到家的时间。两个人上班累了一天，在进家门前还是一脸的疲惫，但推开这扇门，就变成了两只精神抖擞的斗鸡，彼此一天所接收到的怨气、不平一股脑地发泄到对方身上。争吵理由各有不同，发泄渠道永远不变。男人指责女人迟迟没有做饭，让大人、孩子饥肠辘辘，既耽误了孩子的学习，又延迟了全家的休息时间；女人指责男人进门不尽快换拖鞋，总把灰尘带到家里，弄脏了地板，还不知道收拾。总之，都是些老生常谈的吵架引子，但每次又都翻出来重吵。之后，经过晚间的复盘与整晚的休息，彼此又觉得后悔不已，总是因为这么点小事发脾气，甚至吵得惊天动地，实在是得不偿失，双方互相忏悔一番，各自上班。晚上 8 点推开门，大概率又开始复制昨晚的情节。

这样周而复始的恶性循环，让家中的每个人都难以忍受。而此种情况在我们看来是不是似曾相识呢？其实，这种"病症"并非无药可解，无须一直强忍或深陷于自责中。其中的一方可以事先请假，稍晚些回家，家务事跟对方交代好，之后选择一个能让自己感受到舒适的空间，比如，酒吧、咖啡厅，或一条街道、一条河边，总之可以使自己静心沉思片刻的地方。当你收拾好心情，感觉到神清气爽时，再回到家，看到妻子、家人，和平时拖着疲惫身躯回到家的情形会大有不同，进而那种不间断的矛盾和伤害完全可以避免。

心理学家把这种空间称为每个人的第三空间，家庭与职场，则被称作第一空间和第二空间。家庭属于你和亲人的共享空间，即第一空间；而职场是你和同事的公共空间，也就是第二空间。但每个人仅仅拥有这两个空间是不够的，还应该拥有第三空间，那是在婚姻和工作，或者朝九晚五两点一线之外，都存在着的一个完全属于自己，可以提升自我、整理心灵或只求独处的最佳场所。

它也许是上下班路上的一个小时，也许是吃饭排队的半个小时，也许是你曾去过无数次的街心花园，也许是你单身时的独居小屋……总之是那些固定生活之外的关于爱好、关于梦想、关于灵魂、关于抉择等一切人生大事小情，都需要这些"随时待命"的第三空间。它是属于个人的"秘密花园"，在那里可以卸下平日工作和生活中的面具与重担，可以袒露出深层的真我，可以心无旁骛地整理自己的情绪和心灵，进而把在喧闹世界无处安放的心暂时安放。那一刻你可以偷得浮生半日闲，静下心来全情投入，进行自我审视、自我疗愈、自我休整、自我探寻，为下一段历程养精蓄锐、整装待发。

在电视剧《欲望都市》中，专栏作家凯瑞和"大先生"结婚了。一起生活一段时间后，她突然觉得焦躁不安、心烦意乱。直到有一天，她已经无法很好地控制自己的情绪，便给"大先生"留言说："最近这一周我不回来了，我想回到我的单身公寓。"于是，她穿起高跟鞋，将很长时间因为婚姻生活带来的疲惫与不适统统扔到了脑后，沿着熟悉的楼梯，回到了自己久违的单身公寓。

推开门的那一刻，她看着这个熟悉又亲切的小房间里的一切，百感交集——这是她可以肆无忌惮熬夜、裸睡、聊天、吃零食、恢复到少女情怀的场所。在这里，她需要精神和肉体的另一种休整——与内心深处的自己对话的休整。想要保持自己身心的平衡与幸福，有这样一个属于自己的"秘密花园"至关重要。

其实，不仅女人需要这样的第三空间，很多男人也表示在面对来自家庭、事业等各方面的压力时，下班开车回到家，会在车里坐上一段时间，并不是不想下车，只因那是一个分界点。推开车门，你就是父亲、是丈夫、是儿子，各种家庭角色纷纷加持上身；在车上，一个人静静地或思考问题，或清空大脑，或抽一支烟，或听一首曲，让自己明确感受到这个身体是属于自己，暂时与他人无关，获得一个补充能量的机会。

想想男人们，确实不易。这或许可以解释，为什么日本男人下班后喜欢独自泡酒吧，并非像有些人所宣扬的那样，他们不想让妻子或家人认为自己除了工作以外，没有朋友或其他社交活动，这也许只是其中很小的一部分理由。许多男人因为肩上所承担的压力过大，又不像女人一样善于倾诉和发泄，就会找一个属于自己的独立空间消化心中的各种问题。尤其是身处工作压力大的城市中，自我被异化的程度越是严重，那种渴望被及时修复的心也就越强烈。

为了保持婚姻生活和谐，需要彼此之间的黏合，但如果越黏越紧，就会逐渐失去部分自我，这也是双方磨合的必然结果。曾经有棱有角、外向张扬的个性，在相互碰撞中渐渐失去了棱角与锋芒，用放弃部分自我换来包容对方和婚姻和谐，这是一个付出与回报的等量交换。每个事物都会有两面性。在不断磨合中，不可避免地会让夫妻双方都产生一种日渐失去自我的焦虑感。尤其当自己的改变和包容达不到预期的效果和对方的理解时，除去焦虑，还会慢慢滋生出埋怨、愤怒和绝望的极端情绪。内心会有一个声音在高声呐喊：那个真实的我去哪里了？我因为家庭已经改变得面目全非，却得不到应有的理解和体谅，难道我存在的意义就是要面对这样焦头烂额的生活吗？

这样的负能量情绪如果任其发展，会成为家庭幸福的绊脚石，也会使家庭关系不断恶化，使婚姻一步步走向危险的境地。为了避免悲剧产生，除了双方的改变与包容，还需要一个疗伤的自我空间。在那里一个人消化过往的不愉快，把自己即将消失殆尽的正能量一点点充回，把改变的自己和真实的自己做一次再平衡，找到相对舒服的平衡点，让自己再次复活。婚恋心理学把一个人独处的时候称为"回归自我"，这是婚姻双方都必不可少的修补伤痕、唤回自我的过程。

一个女人有一个习惯，她总是在婚姻陷入疲惫期时，选择一个人背上行囊，独自离开这个熟悉的城市，踏上一座陌生的城市，开始一段或长或短的旅行。她治疗自己的生活创伤就是依靠行走在陌生的道路上，在这样的行程中，找回长期处于平淡婚姻生活中渐渐陷落其中的自我。之后，当她裹挟着异乡的空气、雨露，带着已整理好的心绪重新踏上这片熟悉的土地时，会有一种迫不及待的心情，想见到自己的丈夫、孩子和那个曾让她烦躁的家。经过这一场短暂的离去，她不再抱怨，而是接纳；不再压抑，而是豁达。眼前的这一切基本上可以约等于初组家庭时的期望和新鲜。

　　这样的做法和一本名为《长达八周半的旅行》的书中的故事有着异曲同工之妙。书中描写了一个女人在婚姻中失去自我后，选择了一个长达八周半的旅行，独自上路。她在旅行中与自己深层对话，终于在旅行的这个"秘密花园"中，找回多年来因婚姻而遗失的自己。

　　如果没有时间去旅行，也可以采取其他的方式让自己享有第三空间，可以对着一棵树倾诉无法对丈夫、亲人言说的秘密，就像树洞一样，它可以为你保守秘密，你也会在倾诉之后变得轻松和畅快。关于树洞，我非常喜欢电影《花样年华》中的说法："以前的人，要是心里有了秘密，不想让别人知道，你知不知道他们会怎样做？他们会跑到山上找一棵树，在树上挖一个洞，然后把秘密全说进去，再用泥巴封起来，那秘密就永远留在那棵树里，没人知道。"

　　总之，婚姻里要允许对方偶尔的出逃，让他们在各自的"秘密花园"里休整身心、舔舐伤口、重拾信心，完成灵魂深处的自我对话。再次归来时，又将是一个生龙活虎、元气满满的最佳伴侣。

今生只与你共眠

在《生命不能承受之轻》里，有这样一段话，跟一个女人做爱和跟一个女人睡觉，是两种截然不同、甚至是几乎对立的感情。爱情并不是通过做爱的欲望体现的，而是通过和她共眠的欲望而体现出来的。

原因很简单，做爱可能是荷尔蒙驱使下的一时冲动；而一起共眠，却是因深爱而引发的谨慎决定，那是来自灵魂深处最真实的渴望。我想和你春风一度可能只是心血来潮，而我想一直和你分享睡眠才是最真挚的感情。

所以，在我们年轻时，虽然会遇到很多让你心动的人，但最终一定要找一个能和你好好睡觉的人，因为这个合理合法、光明正大睡在你身边的人，能够在很大程度上，决定你余生喜忧、苦甜的走向。毕竟人的一生，有三分之一的时光要在床上度过。

睡觉这件大事，是婚姻质量的晴雨表。因为人前的恩爱夫妻可以偶尔伪装，床上的真情流露却无法长久隐藏。时常的分离也许可以小别胜新婚，但长期分房而睡，却极易导致感情流失。床榻一侧的空缺，久而久之，心也迟早要腾空。在可悲的婚姻里，连睡觉都睡不到一块儿，又何从谈起一辈子呢？

　　同一个屋檐下，和往日没有两样。女人洗漱完毕，径直走进了卧室，等她的丈夫一起睡觉。女人在床上心不在焉地看着手机，那个男人，还在客厅，一言不发，空气如死一般沉寂。平日里，夫妻俩形同陌路，各干各的，互不相扰。但觉还是要睡的，两个人关系再不好，到了晚上还是要回到那十几平方米的卧室。夫妻间若相处不好，举手投足都是尴尬。女人不知该如何开口，她已经忘了和丈夫该怎样亲密接触。

　　结婚不到三年，婚姻生活已如此不堪，女人记得刚结婚那会儿，他们也曾相拥而眠，而现在，再热的被窝，心也是冷的。女人也曾试图冲破内心的不情愿，主动去拥抱丈夫，但对方却没有任何回应，那份冰冷由内而外地散发出来。他们还没到分房睡的地步，但也跟分床差不多了。到后来，为了减少一点尴尬，女人准备了两床被子。与其在一个被窝中间隔条河，倒不如两个被窝，各自都睡得舒服。分被而睡后，还是不说话，各自玩着手机。对于女人来说，上床后入睡前的一个小时，如受刑般煎熬，有个伴侣却无话可说，双方都未曾进入彼此的心里。

　　在那一刻，女人痛彻心扉地感受到了"孤独"二字，别说一辈子，连睡眠空间都不愿和对方共享，又如何能过一辈子？她这才意识到，夫妻间在一起正常睡觉是多么的重要。

卧室暴露了夫妻俩最真实的相处状态，关系好不好，能不能过一辈子，答案就写在卧室里。同一个私密空间，你的伴侣眼里看到，心里却把你当成了空气，那才是最高阶位的孤独寂寞冷。因此，无论处于任何一个年龄阶段，夫妻间都不要分床而睡。人需要感情的温度，如果分床，甚至分房，情感的交流必然会受到影响。

伏尔泰曾说："上帝为了补偿人世间的烦恼，所以才有了希望和睡眠。"可见睡眠极为重要，那个能和你过一辈子的人，一定是能和你睡一辈子的人。对于一对正常夫妻而言，睡觉不仅是一种纯粹的生活，它也是一种巧妙的心理沟通，连接着灵与肉，贯彻着昼和夜。

一男一女，一刚一柔，正所谓，天地合而万物生，阴阳接而变化起。在一段健康可持续的婚姻关系里，不可或缺也不可忽视的，除了发自于心的幸福，还包括外在身体的愉悦。最初爱上一个人时，我们渴望着日日相对、夜夜相拥，把自己和对方都掰开揉碎，融进彼此的血肉里。而当激情退却后，日复一日的睡眠，留下的便是枕边人熟悉的气息与味道。

曾有一个甜蜜的视频，记者采访了一对结婚70年——白金婚的老夫妻。

他们在小学六年级时被分到了一个班，老奶奶立刻认出了总朝她扔橡皮的他。老爷爷解释道，处于青春期时，会觉得所有女生都特别的讨厌，但唯有一个女孩儿与众不同，就总想着要做出点什么来吸引她的目光。青梅竹马、两小无猜的两个人长大后顺理成章地走到了一起。

因为老奶奶有洁癖，平日里，家里打扫得一尘不染、窗明几净，而几十年来，家中倒垃圾的活都被老爷爷一手承包，绝不会让垃圾在家里过夜。

在 70 年的婚姻里，他们晚上互道晚安，在一起拥抱着入睡；每天早上互道早安，一起起床，一个收拾床铺，一个下到厨房，之后一起吃早餐，开始全新的一天。

当两人一起散步时，仍然会习惯性地牵着手，从年轻到现在，从未有所改变。老爷爷说会一直保持这样，让彼此都感受到对方的爱。

这样经过岁月积淀下来的柔情蜜意，看似平淡，却在琐碎中闪出光芒万丈的温暖。 我们命中注定的那个人，不是睡一夜或睡一阵子就新鲜感消退，再也没有见面的欲望激情，而是即使睡一辈子，彼此也不会厌倦的长久感情。

经常有人问，完美的婚姻到底是怎样的，我想，大概就是像老爷爷和老奶奶这样，想一起相拥入睡，一起肩并肩迎来旭日东升的清晨，一起手牵手送走残阳如血的落日。

一起睡觉、一起吃饭，其实就是抽象情感的具体表现。正如三毛所说："爱情如果不落到穿衣、吃饭、睡觉、数钱这些实实在在的生活中去，是不会长久的。"

最接地气的爱情就是想和你睡在一起一辈子。 两个人或肌肤相亲、耳鬓厮磨，或深情注视、相拥而眠，一天的疲惫和烦恼全部融化在浓浓的夜色里，彼此熟悉的呼吸在耳畔响起，在这样的亲密无间里，深藏着婚姻与爱情最理想、最真实的模样，那一刻，你们是彼此世界里的唯一。

"百年修得同船渡，千年修得共枕眠。"千载难逢的机会

让心意相通的两个人结为夫妻，婚姻最朴素的初衷就是一辈子与你共眠。 夜晚，当家里所有的灯都熄灭的瞬间，彼此敞开心扉，说着柴米油盐，聊着生活琐事，平时听起来喋喋不休的唠叨，这一刻却成为夫妻间最温情的沟通，随意间透露出暖人的亲切。 无论是软声细语的家常，还是同床共枕的习惯，都在这时提醒着双方，他们在烟火气十足的生活里，在彼此鲜活的生命中，更在今生来世的约定里。

现实中的完美爱情，并不需要多少轰轰烈烈的故事点缀，它是实实在在的琐碎平庸，随着时光的流逝，曾经的浓情蜜意也许早已消失在记忆中，但那种不同于年轻时的爱情却紧紧地将彼此拴得更加牢固。 这份延续到年老色衰、身材走样、两鬓斑白的爱情，爱到最后就是我不能没有你，你不能失去我，那是一种内化于心、外化于行的习惯，这是对婚姻归宿的最好解读，是我们的向往——今生只与你共眠。